괜찮다 괜찮아

괜찮다 괜찮아

발행일	2025년 10월 2일
지은이	최묘흔
펴낸이	손형국
펴낸곳	(주)북랩
출판등록	2004. 12. 1(제2012-000051호)
주소	서울특별시 금천구 가산디지털 1로 168, 우림라이온스밸리 B동 B111호, B113~115호
홈페이지	www.book.co.kr
전화번호	(02)2026-5777
팩스	(02)3159-9637
ISBN	979-11-7224-854-3 03810 (종이책) 979-11-7224-855-0 05810 (전자책)

잘못된 책은 구입한 곳에서 교환해드립니다.
이 책은 저작권법에 따라 보호받는 저작물이므로 무단 전재와 복제를 금합니다.
이 책은 (주)북랩이 보유한 리코 인쇄 장비 등 자체 생산 인프라를 통해 제작되었습니다.

작가 연락처 문의 ▸ ask.book.co.kr
전용 게시판에 문의를 남기시면 저자에게 직접 전달됩니다.

(주)북랩 성공출판의 파트너
북랩 홈페이지와 SNS에서 다양한 출판 솔루션을 만나 보세요!

홈페이지 book.co.kr • **블로그** blog.naver.com/essaybook • **출판문의** text@book.co.kr
카톡채널 북랩

본 사업은 2025년 부산광역시, 부산문화재단 〈부산문화예술지원사업〉으로 지원을 받았습니다.

괜찮다 괜찮아

최묘흔 지음

북랩

작가의 말

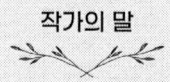

  생의 출발부터 오늘까지 많은 분의 격려와 지지 속에 넘치는 사랑을 받았습니다.
  세상을 따뜻한 눈으로 바라보고 다정한 말로 붙잡아 그 기억을 돌려드리고 싶었습니다. 나날이 깨치고 다듬어 둥글게 미소 짓는 날이 되고자 애썼습니다.
  그럼에도 서정과 묘사의 궁핍으로 일상의 풍광을 제대로 된 글로 그려내지 못해 애태우는 시간이 많았습니다.
  책을 읽고 글을 쓰겠다는 나와의 약속을 포기하지 않으려고, 감당해야 할 부끄러움을 무릅쓰고 설익은 마음 주머니를 엽니다.
  다 담지 못한 행간 너머까지 함께 걸으며 잠시나마 위로받고 웃음 짓는 글 섶을 찾았다 하시면, 그 사랑으로 또 한 걸음 내딛는 내일을 만들겠습니다.

이천이십오년 구월
금정산자락에서
최묘흔

차례

작가의 말 · 5

1부
괜찮다 괜찮아

늦깎이 주부 · 12
괜찮다 괜찮아 · 20
아타락시아 · 29
원숭이 다리 · 37
함께 걷는 길 · 45

공주의 승진 · 16
에우다이모니아 향기 · 25
사탕 한 봉지 · 35
고기를 먹어야지 · 41
코로나 풍경 · 49

2부
다 잊었다

소리 공포 · 56
다 잊었다 · 65
물 탄 소주 · 76
잉카 비스킷 · 83
스틱 드레스 · 92
흙탕물 처방 · 98

안테나 · 60
향연 · 71
감동을 적다 · 79
안테암블로 · 88
사다리 · 96

3부
그날을 꿈꾼다

빼앗긴 일등 · 104
못 · 111
목소리 · 116
안전벨트 · 124
또 다른 꽃으로 · 131
어린 왕자를 만나다 · 140

그날을 꿈꾼다 · 107
대물림 · 112
장이 배 밖에 나온 남자 · 118
안다미로 사랑 · 127
다행이다 · 135

4부

검은 고독 흰 고독
- 남미 여행 35일을 기록하다

검은 고독 흰 고독 · 148
잉카 문명의 성지 페루 · 149
우유니 사막을 품은 케이블카의 나라 볼리비아 · 159
아르헨티나 대평원을 지나다 · 165
델 파이네 국립공원과 페리토 모레노 빙하의 나라 칠레 · 169
다시 밟은 트레킹의 성지 엘 찰텐과 탱고의 나라 아르헨티나 · 183
세상의 끝 우수아이아 · 187
아르헨티나와 브라질 국경을 수놓는 이구아수 폭포 · 193
금정산 품으로 돌아오다 · 196

5부

북극권으로 가다

자연의 섭리를 온몸으로 느끼는 곳 아이슬란드 • 200
흑과 백의 극치를 만끽한 노르웨이 • 218

평설

- 수필, 담론적 실천을 통해 또 다른 세계를 만나다
 / 박희선(수필가, 문학평론가) • 233

1부

괜찮다 괜찮아

늦깎이 주부
공주의 승진
괜찮다 괜찮아
에우다이모니아 향기
아타락시아
사탕 한 봉지
원숭이 다리
고기를 먹어야지
함께 걷는 길
코로나 풍경

늦깎이 주부

 내가 김장을 할 수 있을까. 남편이 주말농장에 배추를 심는다는 날부터 걱정이다. 남편에게 양을 줄이라고 은근하게 옆구리를 찔러본다. 내 말이 통한 건지 올해는 일흔 포기만 심겠다고 한다. 그래도 마음은 무겁다. 남편이 열심히 농사지은 풋것들을 다 먹어내지 못하면 마음이 힘들다. 부모님이 농사를 지으셨기에 농부의 고단함을 알아서인지도 모른다.
 한바탕 태풍이 훑고 지나가니 배추가 다 녹아버려 다시 배추를 심겠다는 남편은 초보 농사꾼이다. 선후배 농부들의 도움을 받으며 애쓰는 남편이 안쓰럽다. 상추와 오이, 풋고추 등의 남새를 따왔던 여름에는 식탁이 푸짐하다. 알음알음으로 이웃과 나눠 먹으며 정을 새기는데 풋것만 한 것도 없었지만 김장만은 피하고 싶다.
 나는 늦깎이 주부다. 오랫동안 직장 생활을 하느라 시어머님과 친정엄마의 그늘에 기대어 살아와서 살림도 서툴고 김장은 한 번도 해본 적이 없다. 이런 내가 밭에 가면 이웃 어른들의 걱정을 듣는다. 남들은 다 수확했는데 우리 밭의 배추는 얼기도 하고, 까치가 속을 파먹기도 해서 밭에 가는 것을 멀리하다 보니 남편만 다녀올 때가 많다. 올해도 배추가 자라는 모습을 사진으로만 본다.

남편에게 풋김치 담가 먹자고 몇 포기 뽑아오라 부탁했더니 아직 덜 자랐다며 거절이다.

기다리지 않았지만, 김장철이 다가왔다. 두 분 어머니가 안 계시니 이젠 내가 김장해야 한다. 당당한 안주인으로 홀로서기를 해야겠다고 마음먹은 지 몇 해째다. 머리로는 용기가 나는 데 마음은 돌멩이 얹어놓은 듯 무겁다. 주말농장 주인인 선배는 십이월 초순에 김장했다며 배추를 절여주는 곳에 부탁해서 담그라고 정보를 알려준다. 내가 김장하려고 정한 날 갑자기 날씨가 몹시 춥다. 몸을 사리다 또 일주일이 훌쩍 지나가버린다. 더는 미룰 수가 없어 오늘은 마음먹고 밭으로 나가 배추를 뽑는다.

절여준다는 집으로 배추를 가져가니 날씨가 차면 배추를 절이는 일도 쉽지 않단다. 머쓱한 마음에 '내년에는 빨리 뽑아 올게요.' 얼버무린다. 너무 짜게 절이면 어쩌나 싶었지만 부탁의 말도 얹지 못한다. 다음 날 배추를 받는데 절임 배춧속 고갱이가 노랗게 살아있어서 마음이 놓인다. 인터넷에서 양념 만드는 방법도 찾고 여기저기 물어보기도 한다. 맛있게 만들고 싶어서 재료와 양 조절에 갖은 정성을 쏟는다. 무엇보다 짜지 않게 하려고 애쓴다. 무와 배, 양파를 부지런히 갈았고, 양념이 숙성되는 시간도 지킨다.

절임 배추를 거실에 펼치고 백여 쪽이나 되는 배추를 혼자 버무린다고 생각하니 눈앞이 캄캄했다. 도움이 필요하다는 아버지의 연락을 받았다며 때맞추어 아들 둘이 나타났다. 나는 반가운 마음으로 배추 한쪽을 들고 양념을 바르며 세 남자 앞에서 시범을 보였다.

음악을 켜놓고 식탁에 빙 둘러서서 난생처음 김장을 시작한다.

"어! 어! 눈에 튀었어."

남편이 물티슈로 눈에 묻은 양념을 닦아주고 흘러내리는 소매도 걷어 올려준다. 두 아들이 버무린 배추를 가운데 통으로 넘기면 속을 채우고 겉잎으로 감싼 뒤 통에 담는다. 한 통씩 채워질 때마다 부자가 부럽지 않다. 나는 검사하듯 버무린 배추를 들추어 보면서 양념이 고루 가지 않은 곳에는 덧칠하고 엉켜진 잎들은 가지런히 마무리한다.

남편은 키가 큰 첫째를 위해 다용도실에 있던 완강기 박스를 가져와 버무림 통 밑에 받쳐준다. 훨씬 편하다며 아버지 아이디어에 아들이 엄지척으로 고마움을 표시한다. 둘째는 주걱으로 양념통 깊이를 재어보고 남은 배추의 양을 가늠하여 얼마만큼씩 양념을 발라야 하는지 수시로 알려준다. 조금씩 속도가 빨라지자, 여유가 생겨 노래도 흥얼거리고 허리도 한 번씩 펴준다.

큰아들이 그동안 먹었던 김치 중에 외할머니표 김치가 제일 맛있었고, 다음은 작은이모네 김치라고 했다. 그때는 맛있게 먹는 것이 제일 고마운 일이라던 외할머니 말씀에 대답만 했는데 이렇게 번거롭고 힘든 일인 줄 미처 몰랐다며 뒤늦게 외할머니의 수고에 고개를 숙였다.

"와, 내가 김치를 담글 줄이야! 이렇게 복잡하고 힘들게 준비하는지 몰랐어. 역시 스스로 해보지 않으면 아무것도 알 수가 없네."

아들의 말을 들으니, 신이 난다. 솔직히 나는 아들과 김장할 줄 상상도 하지 못했다. 남편이 아들에게 함께 김치를 담그자는 부탁에 '그렇게 할게요, 몇 시까지 갈까요.' 대답했다는 두 아들이 고맙기만 하다. 김치 통이 하나둘 채워지면 남편은 핸드폰으로 사진을 찍고, 배추도 가져다주고 허드렛일을 맡아주어 정리가 척척 된다.

아들 둘은 집을 떠나 각각 생활해 이젠 제법 살림하는 티가 난다. 통에 묻어 있는 양념을 새 배춧잎으로 감아 훔치는 모습이 영락없는 살림꾼이다.

친정엄마는 딸 없는 나는 외롭겠다고 자주 걱정했다. 나도 딸 가진 친구가 부러웠다. 미주알고주알 수다 떨고 함께 쇼핑도 하는 딸이 있으면 얼마나 좋을까. 그래도 누가 딸이 없어서 어쩌누! 하면 아직은 잘 모르겠다고 속내를 숨겼다. 아들과 김장하는 지금은 딸 있는 누구도 부럽지 않다.

김장은 자정이 가까운 시간에 끝났다. 남편이 크리스마스이브인 내일 저녁을 같이 먹자고 한다. 두 아들이 식사는 연말에 하고 오늘은 맥주나 한잔하자며 각자 취향의 맥주를 사 온다. 김장김치를 안주 삼아 맥주를 마신다. 온 집 안에 밴 양념에서 통닭 냄새가 난다며 우리 김치가 맛있게 된 것이 확실하다는 말에 한바탕 웃는다.

엉겁결에 완성된 아들과의 김장으로 무거웠던 마음과 육체적 고단함이 눈 녹듯 물러간다. 거실 바닥을 메운 김장 통이 흥부의 박에서 나온 보물처럼 푸짐하다. 내년 김장은 밝을 때 시작하자는 두 아들의 부탁을 받는다. 이제 우리 집 김장은 연례행사가 될 것 같다.

공주의 승진

나는 공주다. 내로라 당당한 스물일곱 사람이 큰 소리로 나를 공주라 부르면 한 치의 의심 없이 미소 띤 얼굴로 우아하게 대답한다. 그들이 힘들다고 호소해도, 잠시 쉬자고 부탁해도 내게 해당하는 말은 아닌 듯 공감은커녕 이해하지 못한다. 무릎이 뻐근하고 손목과 손가락이 삐었다고 붕대를 감거나 반창고를 붙이고 계속 움직여도 나는 어쩔 수 없다. 가끔은 슬그머니 고개를 돌리기도 한다.

처음부터 내가 공주 대접을 받은 것은 아니었다. 보기에 키와 몸무게도 적당하고 팔다리도 긴 나를 은근히 좋아하는 눈치였다. 그런 내가 공주 대접을 받는 날은 의외로 빨랐다. 서너 번 만나 함께 호흡 고르며 손발 맞춘 후부터 서서히 공주가 되었다. 차라리 마음 편했다.

벌써 칠 년이다. 늦은 봄날 오후, 남편과 함께 이웃 대학로에 운동복을 사러 갔다. 스포츠 의류 상가에 들어서서 여성복 진열대를 쭉 둘러보았다. 젊은이들이 문을 열고 들어서면 판매원이 재빠르게 다가가 상품을 설명하고 입어보라고 권하기도 하는데 우리 쪽으로는 관심 두지 않았다. 시간이 꽤 지나서야 판매원이 나에게 다가와 누가 입을 옷을 찾느냐고 물었다. 내가 배구 운동복 고르는 중이라 대답했다. 옷 고르는 일은 도와주지 않고 힐끔힐끔 훑어보기만 했다.

"산책할 때 입을 운동복이 아니고 배구 운동복 고르는 중입니까. 혹시 배구 선수였어요?"

연거푸 묻는다. 나는 대답하기 싫어 머리에 하얀 눈 내려앉은 남편을 바라보며 웃음만 날렸다.

나는 보란 듯이 값나가는 운동복 한 벌을 쇼핑백에 담았다. 돌아오는 길에 혼자 웃음을 지었다. 내 나이가 어때서 배구 운동복 고르는 나를 보고 판매원이 놀랐을까. 한 번도 내가 몇 살인지 의식하지 않았다. 나이에 맞는 운동이 따로 있다고 생각한 적도 없었는데, 무모한 도전인가? 그래도 주저하지 않았다. 오늘이 내게 가장 젊은 날인데 시작하고 볼 일이었다. 함께 즐겨보자며 마음 맞는 사람들이 배구 동호회를 만든다기에 따져보지 않고 발 담그며 기대에 부풀었다.

첫날부터 운동은 뜨겁다. 배구코트를 설치하고 국민체조로 몸을 푼다. 발끝에서 머리까지 관절과 근육을 꼼꼼히 풀어주는 스트레칭으로 운동 중 안전도 챙긴다. 수준이 비슷한 짝을 맞춰 가위바위보로 팀을 정하고 창의적인 규칙을 만들어 무리 없이 운동할 수 있는 융통성도 발휘한다. 한쪽이 계속 세 번 이기면 팀을 해체하여 다시 꾸린다. 승패에 연연하는 회원은 아무도 없다. 공에만 집중하며 매주 한 번씩 두 시간을 꽉 채워 경기한다. 국민체조를 다시 하며 무리했던 관절과 근육을 달래고 정리하는 운동도 거른 적이 없다.

내 실력은 형편없다. 한동안 서브가 네트를 넘지 못한다. 상대편이 날리는 공을 제대로 받아서 다른 선수에게 연결하는 것도 쉽지 않다. 실력 좋은 친구들이 내 자리까지 지키며 열심히 공을 받아낸다. 내 역할을 찾아 부지런히 움직인다. 서로 공을 넘기지 못하거나 실수로 공이 코트 바깥으로 흘러가면 얼른 달려 나가 공을 주워 옆 선수에게 전한다.

공을 주워 오는 사람이 공주다. 내 공주 생활은 그때부터다. 괜찮은 역할이다. 잘하는 선수를 도울 수 있어서 즐겁고 온몸을 움직이니 운동 되어 좋다. 공주 자리까지 양보할 수 없다. 잽싸게 코트 밖에 나가 공을 주워 넘겨주면 공을 받은 선수는 "감사합니다. 오늘도 언니가 공주네." 한다.

공주라 부르는 목소리도 고맙고 웃음 넘친다.

우리 팀은 삶을 두 배로 즐기자는 '두배동'이다. 두실 지역 배구 동호회라 '두배동'으로 통하기도 한다. 내 일상에서 우선순위는 두배동 출석이다. 도저히 어쩔 수 없을 때가 아니면 출석이 원칙이다. 한 해 두 해 흐르는 세월의 강에서 두배동 시간을 끊임없이 낚시했다. 내 실력도 손톱만큼씩 나아진다는 느낌에 두배동 가는 걸음이 가볍다. 열 번 서브 넣으면 서너 번이나 성공하고, 넘어오는 공도 정확하게 받으면 금의환향 이도령 만난 듯 회원들의 환호와 박수 세례다. 공 받고 넘기는 실전 비결을 귀띔하는 감독과 내가 공을 받을 수 있도록 매번 배려하는 회장님도 계신다. 서로 시범 보이며 짝이 되어 연습도 한다. 나는 부지런히 곁눈질한다.

나처럼 공주 자리를 오래 차지한 회원은 없다. 내 공주 생활도 조금씩 짧아진다. 모두 스스로 공주고 선수다. 어떤 일도 삼 년이 지나면 풍월을 읊고 십 년이 지나면 획기적인 변화가 오기 마련이다. 나도 삼 년이 두 번 지나도록 이어진 공주 생활로 공과 아주 친숙하다. 네트에 걸리지 않고 공을 횡 보내고, 상대편에서 넘어오는 공도 제대로 받는 횟수가 늘어난다. 배구 과외받았냐는 말이 농담 삼아 오간다. 두 가지는 분명하다. 꾸준히 참석한 시간의 법칙과 '잘한다, 잘한다.' 응원해준 능력자 친구들 덕택이다.

드디어 공주가 승진했다. 시간이 만들어낸 결과다. 비록 내가 꼴찌이긴 해도 대단한 사건이다. 지난달부터 앞, 중간, 뒤로 위치를 돌아가며 경기한다. 텔레비전 프로배구 선수처럼 위치를 골고루 감당하는 경기 방식이다. 땀 흘릴 때마다 세탁기 속에서 정화되어 나와 한 몸이었던 운동복이 세월의 흔적만큼 느슨하다. 곧 칠 년 전 대학로 운동복 상가에 들러 새 운동복을 마련할까 보다. 젊은 판매원은 또 나에게 묻겠지.

"산책할 때 입을 운동복이 아니라 배구 운동복 고르는 중입니까. 배구 선수였어요?"

이제 편안하게 웃으며 대답할 수 있다.

"벌써 칠 년째 배구하고 있는걸요."

긴 시간 공주였다는 말은 하지 않아도 되겠지.

승진 대가는 만만찮다. 공주였을 때 흘려들었던 친구들의 호소가 이젠 내 몫이다. 허리 아프고 어깨 뻐근한 데다 손가락 삐었다며 수시로 스프레이 파스 뿌리는 회원들의 아림과 노고를 고스란히 겪는다. 두배동 끝나고 집에 돌아오면 손마디마다 근육 연고 바르고 문지르며 배구 성장통 터널을 통과 중이다. 아직 서툴러 승진한 자리를 지켜내기엔 역부족이지만 이 또한 익숙해지리라. 우리의 두배동 시간이 모두를 함께 성장시키는 묘약이니까.

괜찮다 괜찮아

대광명전에 들어선다. 먼저 온 사람들이 사뿐사뿐 걸으며 잔잔한 목소리로 바쁘게 움직인다. 분홍 천을 덧대어 눈에 띄는 감색 주름치마와 노란 저고리를 입고 빙 둘러앉은 회원들이 참 곱다. 넓은 법당 안은 첼로와 바이올린 협주곡이 빈틈없이 채운다. 사이사이 지저귀는 새소리가 허위허위 달려온 시간에 금을 그린다. 사방은 온통 포근한 부처님 품 안이다.

주지 스님이 나직이 이르신다.

"다 내려놓고 마음을 따라갑니다. 이웃과 친구에게 안부를 묻듯이 내 마음에서 일어나는 생각을 따라가며 안부를 전합시다. 내 마음이 울면 위로하고, 화내면 달래고, 즐거우면 더 깊이 익혀봅시다. 흘러가는 대로 지그시 응시하고 오롯이 느껴봅시다."

스님은 자리에 앉고 이끄는 회원이 가운데로 나간다. 이내 싱잉볼을 세 번 두드린다. 싱잉볼의 긴 여음이 소리의 결을 타고 돌고 돌아 내 귀를 연다. 세 번 접은 황토 수건 위에 놓인 찻잔을 다소곳이 내 앞으로 당긴다. 첫 순서다. 양손을 펴서 살포시 내밀면 이끔이가 침향 가루를 손바닥에 얹어준다. 서너 번 비빈 침향 향기로 세수한다. 가볍지도 무겁지도 않은 침향이 첼로 음악과 새소리에 얹히니 긴장이 풀리고 마음도 편안해진다. 침향은 마치는 시간까지 내 몸을 감싸줄 것이다.

촛불 화로는 스님과 회원 사이를 이어준다. 화로 위의 올려 둔 청동 주전자에서 보글보글 김이 올라오기 시작한다. 잘 익힌 청동 주전자의 물을 작은 주전자로 옮긴다. 고요 속에서 물 내리는 소리 따라 마음도 흘러간다. 이끔이 두 사람이 작은 주전자를 들고 옷깃차례로 찻잔에 물을 따라준다. 숙우 과정이다. 나는 잔을 기울여 구석구석 물의 온기를 굴린다. 한 동작씩 이어질 때마다 눈짓과 몸짓으로 따라가며 마음을 모은다. 또 다른 내가 나를 지켜본다.

음악에 맞추어 마음 고르기에 들어간 우리는 미동도 없다. 숨소리마저 아련히 들리는 고요 속에서 첫 번째 차를 받는다. 잔을 왼손으로 받쳐 들고 오른손으로 감싼 뒤 한 모금씩 마신다. 코로는 향을 마시고 눈으로 색을 마시고 입으로는 맛을 음미하며 다음 과정으로 따라간다. 코로 들어온 향기에 휘둘렸던 마음을 씻고 눈으로 들어온 온갖 고운 것과 미운 것에 꺼둘린 마음을 차茶 색에 씻고 맛에 이끌려 비굴했던 마음도 씻어낸다.

비워진 찻잔을 내렸다. 한 생각이 마음에 들어왔다. 주차 후 급히 법당으로 향하는데, 저만치 동산에 반달이 걸려 있었다. 그 반달에 어머님 모습이 얼비쳐 보였다. 며칠 후면 어머님의 첫 기일이다. 호흡에 집중하며 일상에서 붙잡은 생각을 떨쳐버리고 무념무상이 되어봐야지 싶었는데 마음 따라가라는 주지 스님 말씀 때문인지 나는 어머님 생각에 머물렀다.

어머님은 우리를 늘 걱정하셨다. 모든 엄마가 다 그렇지만 어머님은 유난히 걱정이 많으셨다.

"바람 찬데 아이들 옷 따뜻하게 입혔지? 냉장고에 깍두기와 콩나물 장조림 있으니 잊지 말고 가지고 가렴. 하루 내내 서서 아이들 가르친다고 애썼다. 앉아서 좀 쉬어."

자주 듣던 말이었다. 어머님은 말할 수 있는 마지막 순간까지도 나를 보며 같은 이야기를 자꾸 하셨다. 이십 년을 넘게 거슬러 올라간 무의식의 표현이었을까.

'청풍 명상' 날이면 나는 시댁에 가는 며느리 마음이 된다. 법당 이 층에 아버님과 어머님의 영구 위패를 모셨다. 그래서일까. 이곳에 들어서면 두 분 목소리의 온기가 느껴진다. 몸은 이승을 떠났지만, 영혼은 이곳에 머물며 나를 지켜보고 계신 듯하다.

아버님은 새해를 맞을 때마다, 큰 부자는 하늘이 알아보고 작은 부자는 부지런한 생활을 하는 사람에게 찾아온다는 덕담과 함께 세뱃돈을 주셨다. 거칠고 힘들었던 세파를 이겨내며 자수성가한 아버님은 부지런한 생활의 본을 보이셨다. 한 번을 참으면 백 가지 일이 잘 풀린다며 마음 다스리는 일이 소중하다 일러주시던 어머님의 말씀도 잊히지 않는다.

어머님은 가족에게 한 번도 목소리를 높인 적이 없었다. 나는 두 아이를 키우면서 열이 오르고 토할 때나, 아무리 달래도 계속 울 때면 놀라고 급한 마음이 되어 친정엄마를 젖혀두고 어머님께 전화를 걸어 도움을 청했다. 그럴 때면 어김없는 어머님의 첫 말씀은 '괜찮아'였다. 그러면 나도 어머님처럼 아이를 안고 '괜찮다 괜찮아!' 속삭이며 머리부터 발끝까지 쓰다듬고 달랬다. 엄마인 나의 걱정과 불안이 다스려지면 아이도 금세 잠이 들었다. 어머님의 '괜찮아!' 한마디가 내 불안을 잠재우는 처방의 둘도 없는 특효약이었다.

괜찮아! 중얼거리는데 차茶주가 놋쇠 쟁반을 들고 다가선다. 둥근 쟁반에 가득 담긴 별사탕 한 개를 손가락으로 집는다. 시작 전에 알려준 대로 혀 아래 넣고 지긋하게 녹기를 기다린다. 달금한 별사탕 맛이 입안으로 퍼질 때 두 번째 차를 받는다. 점점 마음이 깊어진다. 나를 바라보는 마음이 더 가깝다. 마음 하나 다잡고 고요 속을 거닌다.

어머님은 조곤조곤하셨다. 시댁에서 만나면 남편이 잘 먹는 음식 한 가지씩을 만들어 보여주시며 재료와 순서를 내 귀에 달아주셨다. 동짓날은 팥죽을 쑤어 가져다주시고 선걸음에 가기도 했다. 아버님과 부침浮沈이 있을 때는 속내 보이지 않고 털어내려고 훌쩍 떠났다 오기도 했다. 새해가 되면 우리 가족의 운세를 빼곡히 적은 종이도 전했다. 어느 해는 삼재라면서 붉은 글씨가 적힌 종이쪽지를 들고 와 벽에 걸린 족자 뒤에 붙여주며 안도의 숨을 내쉬었다.

나는 한동안 이런 분위기가 어색해서 몸 둘 바를 몰랐다. 해가 거듭되면서 어머님을 믿고 하루하루를 바쁘게 살았다. 어머님은 내가 태어난 날에 복이 깃들어 좋다고도 하셨다. 조금만 불편해도 병원에 가서 여러 가지 검사를 받는 아버님과는 달리 병원 가기를 끔찍이 싫어하셨다. 치매 예방에 좋다는 말을 듣고 두꺼운 공책에 소설 필사하신 것만 열 권을 넘는다.

어머님의 특효약 '괜찮아!'도 세월을 비껴가지 못했다. 고관절 통증으로 입원하셨다. 거뜬히 털고 일어나 퇴원하실 줄 알았는데, 하루이틀이 한 달 두 달로 이어지면서 오랫동안 고생하셨다. 병원에 계실 때 나는 주말마다 죽을 끓였다. 남편과 함께 죽을 떠먹여드리고 눈을 맞추면서 어머님의 끊이지 않는 말을 들었다. 나는 어머님이 듣기 좋은 말로 위로하고 고개 끄덕이며 맞장구쳤다. 어머님이 최고라며 엄지손가락 올리면서 기분 좋게 웃을 때까지 책임지지 못할 말도 마구 쏟아냈다. 그것도 어머님 기억이 지워져 먼 과거로 한 해 두 해 내려갈 때부터였다.

어머님 기일은 내 생일날이다. 복이 깃든 날이라 좋다고 하시더니 극락왕생하는 날을 내 생일날로 택하셨다. 그렇게 눈물이 날 줄 몰랐다. 꼬박 일주일을 누워 지냈다. 어머님이 맑은 정신일 때 도란도란 내 얘기를 하지 못했다. 직장 생활과 두 아이를 키우는 일이 벅차서 수없이 울었지만, 한 번도 내색하지 못했다. 걱정 끼치지 않는 것이 효도라 생각했던 어리석은 며느리였다. 편찮았을 때 우리 집에 모셔 와 따뜻한 밥 한 끼 해드리지 못한 일이 지금도 뒤통수 뜨겁다.

싱잉볼 소리가 울린다. 괜찮다 괜찮아! 다독여주시던 어머님 말씀을 접는다. 좋은 엄마는 자식 앞에선 다 괜찮다고 한다. 오늘 그 길을 따라 한 발짝 더 옮긴다.

법당을 나서는데 잔잔한 바람이 맑다. 달빛이 운전대를 잡은 내 손에 내려앉는다.

에우다이모니아 향기

　책상에 앉아 책을 펼친다. 잔잔한 바람이 창을 도닥인다. 서너 장 넘긴 책을 책갈피 물리고 바람 마중할 양 일어선다. 창을 연다. 쏴 넘어온 바람이 온몸을 감싼다. 책 읽기에 더없이 좋은 공기다. 햇살은 잠시 구름에 가려 채도 높은 금정산 초록 숲 은은히 그려 낸다. 책갈피를 떼내고 다시 읽는다.

　마음속 진정으로 바랐던 오늘을 본격적으로 행하기 시작한다. 책 친구와 대화 나누는 시간이 행복하다. 내 삶이 의미 지향적으로 흘러가고 있음을 느끼면 충만하다. 어디로도 치우치지 않는 마음의 평정은 자연과 어울리며 살려고 애쓰는 노력을 통해 고무된다. 서재에 앉아 고개 들 때마다 창밖으로 금정산 초록을 바라볼 수 있어 좋다. 새소리도 들린다. 순수한 아침 햇살과 밝은 가을 날씨에 생기를 얻는다. 맑고 푸른 가을 공기와 초록 잎 가득 고요한 숲을 통해 맑아지고 또 차분해진다.

　바람이 향긋한 알갱이를 실어 온다. 기분 좋은 향이 코로 솔솔 들어온다. 머리로 의미를 정리하는 책 내용보다 코로 들어오는 상큼함에 마음이 기운다. 무슨 향이지? 어디서 올까. 취하듯 코로 들이키는 향의 정체가 궁금하다. 떨칠 수 없는 마음에 나는 또 일어선다.

분명 어떠한 언어로도 표현하기에 부족하다. 내 말과 정신은 이 향기를 이해하기에 충분치 않구나. 이 방 저 방과 거실로 코를 내밀고 향기 찾아 오간다. 내가 움직이는 걸음에 따라 향이 멀어졌다 가까워지기도 한다. 결국, 서재 창문으로 들어오는 바람길을 따라 아파트 정원을 내려본다. 몇 년 전에 고사한 큰 나무를 보내고 그 동그란 화원에 뿌리내린 작은 나무 한 그루 금목서다.

'금목서꽃 향이었구나.'

'어느새 단단한 중년이 된 금목서 한 그루 향이 높은 층 우리 집 창까지 올라오네.'

한 그루가 뿜어내는 향기로 며칠째 많은 일을 의미 있고 행복하게 해내는 힘이 된다. 기분이 좋다. 이웃을 만나 인사 나눌 때도 더 환하게 웃으며 말한다. 밥도 더 맛있다. 좋은 일이 생길 것 같은 희망도 생긴다. 아로마 치료가 좋다는 말을 여러 번 들었지만 관심이 없었는데, 향기 하나로 삶이 행복해지고 생각이 유연해지고 누군가에게 좋은 일을 베풀고 싶은 숨결이 돈다.

며칠째다. 금목서꽃 향이 좋아 청소기를 미는 시간도 금방 지나간다. 나도 모르게 스팀 청소기로 대청소도 끝낸다. 수건을 삶고 등산화도 베란다 햇볕바라기 내놓고 화장실 바닥을 닦아낸다. 일상에 묵은 향과 마음 한구석에 베인 마음을 다독인다. 집 안 가득 순수한 금목서 향기를 담고 싶어 자꾸 쓸고 닦는다.

우편물을 가지러 땅 층에 내려가서 일부러 금목서까지 걸어간다. 몽실몽실 노랗게 촘촘히 매단 꽃송이를 감싸듯 손바람 일으켜 흠뻑 취한다. 겨우내 삭풍 맞은 머리부터 언 땅속 끝까지 기운 뻗치고 서 있어 줘서 고맙다. 봄 뿌리로 물과 양분 끌어올리느라 아무도 모르게 노력한 수고가 고맙다. 타는 듯한 여름 가뭄을 이겨 내고 무성한 잎을 피워서 고맙다. 시간의 흐름을 기어이 기억하고 노란 가을 꽃송이에 그윽한 향 잊지 않고 뿜어줘서 고맙다. 홀로 감내해온 시간을 뒤로하고 향을 쫓아 모여들어 그동안의 수고를 이제야 헤아려줄 마음의 여유를 사람들에게 선물해서 고맙다. 하루 더 천천히, 하루 더 향기 피워주길 내 속마음 전한다.

금목서 정원을 돌아 나와 황령산을 걷는다. 지난밤 내린 빗줄기에 촉촉한 산책길이다. 풀 냄새가 사방에 피어난다. 칠십여 명 대군이 길게 이어진 색 색깔 옷차림에 스틱 짚고 걷는 발걸음 박자가 가을 향연 따로 없다. 둘레길을 다 걷고 식당에 앉았다. 점심이 끝날 즘에 옆자리에 앉은 차茶 전문가 후배가 향을 맡아보라며 손바닥만 한 봉지를 건넨다. 아무 생각 없이 받아 들고 코앞에 당기는데 바로 그 향기다. 요즈음 나를 몰입하게 만든 금목서꽃 향이다. 놀라고 반가워서 후배에게 물었다.

"이 꽃을 차로 마실 수도 있나?"

"지난주에 따서 공들여 법제한 차예요."

내 반응에 더 놀란 후배의 웃음 띤 대답이다.

"공기를 따라 마술같이 코로만 알아차릴 수 있는 향기 알갱이를 차로 마실 수 있을 거라곤 짐작하지 못했어. 도대체 이 향기를 말이나 글로 표현할 수 없어 며칠째 생각 생각하고 있었는데…. 이 향기 어떻게 말하면 좋을꼬. 정말 갑갑하다. 내 어휘력 한계가 아쉽다."

"언니가 못하면 누가 표현할 수 있겠노!"

동의하듯 나한테 쏠린 눈길에 용기를 내어본다. 달콤하다 매콤하다 쌉싸름하다 시금하다, 분명 깔려 있을 향인데 너무 멀다. 고소하다 상큼하다 향긋하다, 조금 가까워졌나? 기분 좋은, 웃음 나는, 행복해지는, 무언가를 하고 싶고 좋은 말을 나누고 싶은, 내가 엮어낸 모든 말을 다 녹이면 어떤 말이 될까. 어울리는 말 없을까. 나와 우리를 이렇게 행복하게 하는 향기 이름을 끝끝내 찾아줘야지.

붓방아 찧다 번개같이 한 생각에 꽂힌다. 에우다이모니아! 여러 종류의 앎과 신택이 좋은 것을 원할 때 '에우다이모니아'는 그 좋음 중 최상의 것이다. 맞다. 아리스토텔레스 선생님은 우리가 살아가면서 자기 잠재력을 발휘하고 이웃과 배려하고 공감하며 지극한 행복을 느낄 때 에우다이모니아에 이른다고 말한다. 누구 없이 품 넓은 주변에 의미와 행복한 기분 들게 하는 금목서꽃 향기는 바로 에우다이모니아 향이다.

금목서 향뿐이겠는가. 말 씀씀이가 여름에는 시원하고 겨울에는 따뜻해서 깊은 우물 같은 친구들이 있다. 무슨 얘기를 나누어도 솟아나는 샘처럼 맑다. 재잘거리며 얘기하지 않아도 하하 호호 일일이 반응하지 않아도 알아차리고 기다린다. 내가 내보이는 매콤하고 쌉싸름한 말과 행동이 왜 없을까만 머물러 있는 시간은 길지 않다. 묵묵히 곁을 지키며 담담하게 시간을 익혀가는 친구도 에우다이모니아 향과 다를 바 없다.

책 마지막 페이지를 닫으며 에우다이모니아 향 알갱이가 내 마음 통장에 두둑하다.

아타락시아

흙이 예인의 손에서 환골탈태한 장군 도자와 조우한다. 시작은 언제나 설렌다. 살얼음 같은 기대와 걱정도 앞선다. 장인은 무심한 듯 담담하게 말한다. 새기고 지우고, 비워서 채우는 마음 빛으로 남겨보라 청한다. 소박한 자태로 마주한 도자 민낯에 비망록 글귀를 새긴다. 기대 쪽으로 치우치면 주변을 살피지 못하고 걱정에 마음 두면 앞으로 나아갈 수 없다. 기대와 걱정에 자유로우면 시간과 방향에 혜안이 생긴다.

자유로운 사람은 어떤 사람일까. 먼저 자기의 내면세계를 돌아볼 일이다. 진정한 자유란 누구나 누릴 수 있는 정신적 자유를 의미하는 게 아닐까. 마음을 노예 상태로 만드는 정신적 부자유를 경계하지 않으면 편안한 마음을 유지하기 힘들다.

후기 스토아 철학을 주도적으로 이끈 에픽테토스는 평정심이 오직 자유에 이르는 길이라고 했다. 노예로 태어나 류머티즘으로 다리까지 절었던 그는 헬라스의 항구도시 니코폴리스에서 니코메데이아 학교를 세웠다. 제자들이 모여들자, 평정심을 최고의 가치로 삼고 가르치는 일에 평생을 바쳤다. 플라톤보다 더 대중적인 인기를 누렸고, 황제의 초청을 받을 만큼 명성이 높았다.

절름발이는 다리에 대해서 방해가 되지만 합리적 선택에 대해서는 방해되지 못한다.

그의 삶을 상징하는 명구다.

제자 중 한 명인 아리아노스는 스승의 가르침을 한마디도 빼놓지 않고 기록하고자 하는 열망으로 에픽테토스의 어록語錄을 만들었다. 그 대화록 편람인 『엥케이리디온』은 마음을 담금질하는 실천 내용을 담았다. 동물과 달리 인간만이 유일하게 소유하고 있어 정신적 자유를 이끄는 이성에 주의를 기울였다. 일상의 사소한 걱정거리나 싸움과 슬픔은 그저 외적인 관심사들에서 기인하는 것이라 했다. 진정한 행복은 자신의 내부에 있는 평정심에 따라 행위할 때 비로소 이루어진다고 믿었다.

우리에게 딸린 것들과 그렇지 않은 것들을 올바르게 구분하고, 오직 나에게 딸린 것만을 욕구하며 자신의 영혼을 돌보는 마음 상태가 평정심이다. 자신의 능력 안에 있는 믿음과 선택, 욕구와 혐오는 우리 자신이 행하는 모든 일이다. 반면에 우리에게 달려 있지 않은 것들은 부모님으로부터 물려받은 몸, 사회적 지위와 수변 사람들의 평판, 내가 소유하고 있는 물건들인데 우리 자신이 행하지 못하는 일에 속한다.

우리 삶은 동물적인 생명체 유지에서 시작하지만, 자연의 섭리와 사회적인 관계 속에서 합리적 이성으로 마무리될 때 행복하다. 따라서 인간은 관조와 이해, 그리고 자연에 일치하는 삶의 방식에 이를 때까지 끊임없이 다듬는 과정이 필요하다. 어떤 결정이나 선택을 해야 할 때 그것이 우리에게 딸린 것들에 관련되는지, 아니면 우리에게 달려 있지 않은 것들에 관련되는지를 음미하고 검사해야만 한다. 자신이 원하는 대로 어떤 것에도 얽매이거나 방해받지 않고 강요받지 않을 때 자유로운 선택은 제약받지 않는다. 욕구는 언제나 목적에 도달한다. 혐오는 회피하고자 하는 것에 떨어지지 않고 외적인 상황과 감정적 반응에 방해받거나 제약되지 않아서 자유롭다.

우리가 추구하는 행복이란 '방해받지 않음'으로부터 이루어진다. 자신의 합리적 의지에 따라 일어나야만 한다. 의지의 자유는 기본적으로 외부로부터 방해받지 않음에서 성립한다. 자유는 마음의 아타락시아ataraxia 상태다. 정념에서 벗어난 아파테이아apatheia와 따름을 의미하는 아콜루토스akolutos에 연결된다. 두려움 없음과 자유는 평정심으로 자유로운 사람만이 누릴 수 있다.

에픽테토스는 우리가 자유롭게 선을 행할 수 있는 능력을 갖추고 태어났다고 말한다. 그는 이 능력을 의지 혹은 의지적 힘이라고 했다. 의지는 자신의 욕구와 충동, 욕구와 혐오를 반복적으로 명령하고 추구해가면서 살아가는 사람들에 의해서만 성취된다. 감정에서 생겨난 생각에서 벗어나 마음의 평정을 얻도록 원해야만 한다. 왜냐하면 이것이 각 사람에게 부여된 신의 선물이기 때문이다.

사람의 성품은 타고난다. 에픽테토스는 행위자에게 딸린 것과 그 바깥에 있는 것을 대조한다. 자신의 능력 안에 있는 것들, 즉 내 마음이 선택하고 절제할 수 있어 나에게 딸린 것이다. 믿음, 계획, 외부적 사실을 받아들이는 우리의 자세와 결단은 내 능력 안에 있는 것이다. 자신의 능력 밖에 있어서 우리에게 딸린 것이 아닌 것은 매일 일어나는 사태들이다. 우리가 선을 결정할 수 있도록 이끄는 일들이다.

  스토아적 지혜는 인간의 삶을 행복의 경지에 이르게 한다. 사려 깊고 신중하고 실천적일 때이다. 선을 지향하고, 진정한 자유와 행복을 얻으려고 노력하는 것이 최선의 목표다. 우리 자신이 행하지 않는 모든 일, 흔히 내면세계와 외부 세계의 구분, 내면적 선과 외부적 선의 구분은 '결정된 것과 결정되지 않는 것' 사이의 구분에 있다. 바로 이 능력이 자아自我, 나! 즉 합리적 이성인 프로하이레시스로 견지되는 평정심이다.

  합리적 이성의 혜안을 실천한 교촌 종가 최부잣집 고택을 찾았다. 낮은 굴뚝이 눈에 들어왔다. 부잣집 굴뚝에서 피어오르는 연기는 한 끼를 걱정하는 이웃에게 미안한 마음이었을 것이다. 최부자는 누구나 편안하게 드나들 수 있는 집 안 모퉁이에 뒤주를 두고 곡식을 화수분처럼 채워두었다. 가난했던 이웃이 불편하지 않게 언제든 곡식을 나누었다. 애민과 공존을 고민한 흔적이었다.

  그래서일까, 삼 대 백 년 가기 힘들다는 부富를 삼백 년간 잇는다. 종가가 대대로 지켜온 가훈에서 9대 진사, 12대 만석 살림의 정수인 육훈六訓을 본다. 삼가고 경계하는 내용이 전부다. 진사 이상의 벼슬은 사양하여 양반으로서 부끄럽지 않을 정도의 벼슬에 만족하라 이른다. 그 이상의 지위를 욕심내어 화禍를 자초하지 말라는 뜻이다. 여기에 일만 석 이상의 재산은 집 안에 쌓아두지 말고, 사회에 보시하라는 가르침도 보태었다. 한 집안을 유지하는 데는 만석으로도 차고 넘친다며 일만 석 이상의 재산은 사회에 환원하여 이웃의 생활도 살찌워 함께 누리는 삶을 부탁한다. 최부자는 집 안에 쌓은 일만 석도 쪼개어, 가인을 먹여 살리고 과객을 대접하고 또 빈민 구제에 적극적으로 나섰다.

흉년기에는 땅을 늘리지 말 것을 당부했다. 흉년이 들면 어려운 이웃들이 헐값에 땅을 넘기는 일이 많다. 이럴 때 땅을 넓히는 일은 쉬운 길이지만 이웃의 가슴에 못을 박는 행위라고 가르쳤다. 또한 손님을 후히 대접하는 일도 소홀히 하지 않았다. 오가는 길손을 후히 대접하는 것은 손님을 통해 정보를 얻고, 세상 돌아가는 이치를 알 수 있다고 가르쳤는데 그 혜안에 놀라지 않을 수 없었다.

주변 일백 리 내에 굶는 사람이 없도록 하라는 배려도 잊지 않는다. 적어도 사방 일백 리 내에 굶어 죽는 사람이 없도록, 가진 자로서 높은 사회적 지위에 있는 사람이 베푸는 선을 집안의 책무로 가르친다. 시집온 며느리들은 삼 년간 무명옷을 입으라며 검소한 몸과 마음가짐으로 어려운 이웃을 알게 하여 자신을 낮추고 겸손한 마음으로 주변 사람과의 소통도 강조한다.

여기에 육연六然을 더한다. 마음은 평온하게 가지고 사람을 따뜻하게 대하며 늘 마음을 깨끗하게 닦으라는 정신 철학이다. 또한 일이 생기면 과감하게 뜻을 펼치고 뜻을 이루었을 때는 담담하며 실패해도 태연히 하라는 당부이다. 육훈과 육연의 가르침이 평정심을 잃지 않고 대대로 지켜온 최부잣집의 선행과 덕행의 실천 뿌리였다.

우리가 잘 아는 맥아더 장군도 마음의 평정을 소망했던 사람이었다. 그는 자녀가 약할 때 스스로 분별할 수 있는 강한 힘을 갖게 되길 기도했다. 그리하여 두려울 때 자신을 잃지 않는 용기를 가지고 정직한 패배에 부끄러워하지 않고 태연하여 승리에 겸손하고 온유한 사람이기를 바랐다. 남을 다스리기 전에 자기 자신을 잘 다스리는 사람이 되게 하고, 위대함은 겸손과 소박함에서 나오는 열린 지혜임을 마음 깊이 새겨 진정한 자유인 자녀가 되길 빌었다. 전장을 누비며 세계 평화에 앞장섰던 장군은 자녀와 함께 하지 못하는 시간에도 지극한 정성으로 자녀의 평정심을 갈구했다.

평범한 하루를 지혜롭게 살아내는 사람들 가운데 선다. 문우들과의 만남이다. 봄 햇살이 대지를 감싸고 갈잎 검불 아래 어린 쑥이 파릇하다. 맑은 하늘 아래 봄나물을 찾아내는 손길이 고요하다. 새순과 눈 맞추며 평정심에 들어앉은 정중동靜中動이다. 내일 찾아올 길손의 몫을 점점이 남겨두고 일어서는 바구니 여백에 웃음이 살아난다. 서로를 바라보며 편안하다.

쑥 향 가득한 저녁 식탁에 앉으니 며칠 전의 장군 도자가 얼비친다. 흙의 질감으로 손끝에 느껴진 공空과 심心을 교감하며, 조각칼은 허가 되어 세 시간을 훌쩍 넘겼다. 우리는 도자를 바라보며 자신의 아타락시아에 들었다. 승화의 눈길로 알 깨고 나오는 싱클레어가 된 막내는 반짝이는 별을 삶의 섶으로 다졌다. 옆자리 선배는 문우들의 이름을 생생히 새기고 날아가는 새도 불러 앉혔다. 기웃거리는 서로의 이름들…. 사방으로 촉수를 벌어 얼굴 맞대고 속살거렸다.

세월의 강에서 시간을 낚아 올려 은은한 담소로 익혔던 시간! 빛과 열의 순도 높은 가마에서 거듭 태어날 나와 우리를 기다린다. 시작의 기대와 설레는 마음은 삼라의 빛 보듬고 아우르며 빨강에서 보라까지 오로라 스펙트럼으로 돌아올 거다. 서로를 선명하게 빛내며 함께라서 아름답고 신비한 무지개일 터다. 같이 만들고 함께 걸어갈 흔들림 없이 고요한 초 문학 길이다.

사탕 한 봉지

 나는 워킹 맘이었다. 사탕 한 봉지에 담긴 사랑과 꿈이 행복한 기억으로 아롱거린다. 아이를 맡아주던 고모가 한 달간 집을 비웠다. 긴급 처방이 필요했다. 퇴근 후에는 꼭 내가 키운다는 다짐도 내려놓아야만 했다. 두 아이는 친정엄마 품에 안겨 울면서 시골로 갔다.
 근무하는 낮은 일상적이었다. 밤이 문제였다. 시간에 여유가 있고 몸도 편안한데 무엇 하나 손에 잡히지 않고 전화기를 잡았다 놓았다 할 뿐이었다. 아이가 보고 싶고 궁금했지만, 걱정은 하지 않았다. 잘 지낼 거라는 믿음도 있었다. 친정아버지께 송구한 마음 때문이었다. 엄마가 데리고 갔지만, 육아는 대부분 아버지 몫이라는 걸 알았다. 아버지는 건강에 문제가 생겨 공직에서 물러나 몸을 다스리는 시기였다. 농사일과 일꾼 부리는 일을 엄마가 도맡아야 했기에 갑자기 덧붙여진 외손자의 육아는 아버지가 하셔야 했던 농사철이었다.
 기다리던 주말이었다. 사탕 한 봉지를 부탁하셨다. 우유가 많이 들어 있고 단맛이 적은 것이라는 조건도 붙었다. 알이 작은 것은 목에 걸릴 수 있으니 적당한 크기도 말씀하셨다. 오전 근무를 끝내고 잘 챙겨서 버스를 번갈아 타며 친정에 도착했다. 지붕 위의 송신기 그림자가 대문에 걸려 나를 반겨주었다. 논에서 모내기에 한창이던 사람들이 허리를 펴고 집으로 들어오는 시간이었다. 막차를 타고 온다고 했는데 아이도 아버지도 밖을 보고 있지 않은 듯 조용했다.

현관문을 밀고 들어섰다. 앗! 지금 무슨 풍경인가 싶었다. 지그시 눈을 감은 아버지 양팔을 두 아이가 당기고 있다. 장롱문 위를 가리키며 무엇을 달라고 떼를 쓰고 있었다. "아이구, 하느님! 우리 아기들이 사탕을 더 달라고 하는데 주어도 되겠습니까! 예예, 안 된다고요. 오늘 벌써 세 알이나 먹었으니 더 먹으면 입안에 벌레가 생긴다 했습니까! 예, 예. 알겠습니다. 말도 잘 듣고 잘 놀았는데 딱 한 알만 더 주면 안 되겠습니까. 아, 예, 그러면 이 할애비가 대신 벌을 받아야 된다고에, 잘 알겠습니다." 나는 발소리를 죽였고 가슴 찡하여 눈물이 흘러내렸다.

오늘은 삼월 열엿새, 친정엄마 기일이다. 아버지의 당부대로 자시에 제사를 모셨다. 코로나19 여파로 참여한 제군들의 음복은 생략되었다. 대신 다른 때보다 들고 오는 보자기가 더 커졌다. 구 남매를 회초리 없이 키우셨던 친정 부모님 제상에는 빠짐없이 사탕 한 봉지가 오른다. 그 사탕 한 봉지를 내가 챙겼다. 친정아버지의 사탕 한 봉지는 자식을 넘어 손자에 이르기까지 삼대를 아우르는 사랑과 꿈, 행복이 담긴 꾸러미였다.

사전 투표를 위해 둘째가 잠깐 집에 들렀다. 외할머니 기일에 가져온 사탕 한 봉지를 꺼냈다. 아이 입에서 바로 흘러나온 말, "예, 예. 한 알 더 주면 이 할애비가 대신 벌을 받아야 된다고에."

아, 우리 외할아버지! 그립다.

원숭이 다리

많은 사람이 모인 우나즈키 역의 높은 산그림자가 해를 길어 올린다. 멀리 설산이 밀어내는 쌀쌀한 기운이 초록 가지에 머물다 풀숲에 살포시 앉는다. 토로코 열차에 올라 안전띠를 매고 출발을 기다린다.

해마다 이맘때면 알펜루트에는 사람들이 넘쳐난다. 산봉우리에는 눈이 쌓이고 그 아래에는 단풍이 절경을 이루는 독특한 풍경을 만끽하기 위해서라고 한다. 마음속으로 아니, 우리나라에도 이 정도는 많이 있는데 싶었다. 그래, 이참에 이곳과 우리나라를 비교해 보고 냉정하게 따지고 재어볼 생각으로 사사다이라 역까지 왕복 두 시간 남짓 걸린다는 열차에 오른다. 나는 지금 대한민국을 대표하는 한 사람이다. 자존심으로 나를 무장하느라 머리를 꼿꼿이 세우며 마음도 다잡았다.

내가 중학생이었을 때는 외국에 다녀왔다는 사람이 드물었지만, 일본은 그렇지 않았다. 그때 일본 출장을 갔다 온 오빠가 말했다.

"아버지, 우리가 일본을 따라가려면 삼십 년 더 뛰어야겠어요. 무조건 일본을 미워할 것이 아니라 뼈를 깎는 고통도 감수하며 기술을 배워야 일본을 이길 수 있겠습디다. 제가 동경에 일주일이나 있었는데도 와이셔츠 깃이 세탁하지 않아도 될 만큼 깨끗했습니다. 일본 교수 집도 방문했는데 변기 물통에 벽돌을 두 장이나 넣어 수위를 올려 물을 절약하고 있었어요. 일본 사람들의 기술 연구와 절약 정신은 무서울 정도였습니다."

오빠의 이야기에 아버지는 깊은숨을 내쉬며 고개를 끄덕이셨다. 그날 이후 우리 집 변기 물통에도 벽돌 두 장이 들어갔다. 이후 그 벽돌은 이삿짐 중 하나가 되었다.

그러다 새천년이 시작되던 해에 나는 늘 궁금했던 일본 여행길에 올랐다. 일부러 변두리 농촌과 어촌을 둘러보았다. 먹고 입고 자는 환경과 생활 수준이 도시와 별반 차이가 없어 보였다. 정말 놀라웠다. 거리는 깨끗하고 슈퍼마켓도 곳곳에 있어 편리했고, 집마다 농기구나 살림살이가 잘 정리되어 시골 느낌이 들지 않았다. 우리나라 시골도 이래야 하는데 싶어 자꾸 안달이 나고 부러웠다.

나는 코로나19 유행 덕분에 우리나라 곳곳을 들러보는 시간도 가지게 되었다. 예전에는 멀미에 시달리며 힘겹게 다녀왔던 도서벽지가 지금은 크루즈 선에 차를 싣고 서너 시간이면 닿을 수 있었다. 그동안 우리나라 농어촌도 쾌적한 환경과 편리한 시설을 갖춘 선진국형 삶의 터전으로 바뀌어 있었다. 무엇보다 잘 정비된 도로가 그랬고 농어촌 살림살이가 도시 못지않게 윤택해 보였다. 한 사람이라도 사는 섬은 모두 튼튼하고 아름다운 다리로 연결되어 하루 생활권으로 바뀌었다. 섬과 섬을 잇는 다리는 지역 특성을 살리는 공법과 디자인으로 육지 사람들을 불러들이기에 충분해 보였다.

토로코 열차는 알펜루트 끝자락이다. 나리타 공항에 내려서 알펜루트 길을 따라 달리며 수많은 다리를 건넜다. 오다이바 자유의 여신상과 아사히맥주 본사 건물을 지나면서 서울과 다르지 않은 분위기에 마음이 편안했다. 구로베 강 하류를 따라 수직 절벽 산야는 초록 이불을 휘감고 정갈한 봄의 향연으로 우리를 불러들였다. 에메랄드빛 강을 눈 아래 두고 봄과 겨울이 공존한다. 토로코 열차가 다테야마의 '콰이 강의 다리'를 지난다. 고도 높은 레일을 달리며 울창한 원시림 저편으로 만년설 준봉에서 폭포가 쏟아진다. 호수 어귀에는 온천을 즐기는 무리가 영화의 한 장면 같다.

좁다랗고 창이 없는 옛날식 열차는 구로베 댐을 만들 때 자재를 실어 나르던 열차를 개조하여 관광열차로 정감 있는 마을을 끼고 달린다. 동네 사람들이 베란다에 나와서 깃발을 흔들며 친절을 베푼다. 우리는 개방형 칸을 탔다. 뻥 뚫린 기차 안으로 들이치는 바람을 맞으며 스치는 경치를 살피느라 눈이 바쁘다. 이십 분쯤 지났을까. 아래위로 겹친 다리가 보이자, 방송이 나온다. 일본말이라 내용이 무엇인지 모르겠다. 긴 사다리가 옆으로 놓인 듯한 출렁다리를 가리키며 누군가 말했다.

"원숭이만 다니는 다리래요. 세상에…."

'뭐? 원숭이를 위해서 다리를 놓았다고?'

원숭이가 이 산 저 산 드나들며 먹이를 찾고 새끼를 기르며 살도록 놓아준 다리라고 옆 사람들이 수군거렸다.

아! 그래서 아까 열차가 출발하기 전, 우나즈키 역 마당에 새끼 원숭이가 놀고 있었구나. 사람을 경계하는 눈치라고는 조금도 없어 보이더니 이제야 그 이유를 알겠다. 원숭이 다리까지 놓아주며 사람들과 거리낌 없이 어울려 살아가게 배려한 것이었구나. 아니, 이 사람들이 원숭이를 위해 다리도 놓아줄 줄 아는 사람들이었구나! 그런데 우리 민족에게는 원숭이만도 못한 대접을 했었다고 생각하니… 나도 모르게 주먹이 불끈 쥐어진다. 그래. 배울 점은 배우고 기억할 것은 기억하자.

　길 한가운데 자란 나무도 자르지 않고 둘레를 치고 갑판 길을 만들어 사람들이 나무를 비켜 걸어야 하는 곳이 한두 군데가 아니다. 건물을 지을 때도 큰 바위를 밀어내지 않고 바위를 주춧돌 삼아 창을 내고 주변 경관을 살려 자연과 하나 되는 설계를 하였다. 생명과 무생물이 공존하며 균형을 맞추고 마침내 원숭이 다리까지 만들어주었나 싶다. 동물도 생명으로 인정하며 함께 살아가는 일본인의 배려가 고마우면서도 얄밉다.

　다리는 사람이나 동물의 몸통 아래에 붙어 몸을 받쳐주며, 서거나 걷거나 뛰는 일을 맡아준다. 또 무생물의 다리로는 어떤 물건의 몸통 아래에 붙어 바닥과 일정한 공간을 두도록 받쳐주는 역할도 한다. 몸의 일부분처럼 쓰는 안경알의 둘레와 연결하여 귀에 걸도록 만든 기다란 부분도 다리라 부른다. 조금 더 넓게 다리에 관한 생각을 해보면 강이나 바다의 이쪽과 저쪽을 연결하는 다리가 있다. 이 모든 다리는 떨어진 것을 이어주어 더 안전하고 편안함을 주는 것이 제 역할이다.

　지리산 형제봉의 출렁다리는 낮에는 사람이 주인이지만 밤이면 동물이 주인이 되어 서로 이동한다는 사실이다. 이제 일본도 더 이상 지난 역사를 외면하거나 부정하지 말고, 사과할 것은 진심으로 머리 숙여 사과한다면 우리는 그 사과를 받아줄 수 있는 아량을 베풀 수 있다. 더 좋은 이웃으로 마음의 다리를 놓아 무시로 오고 가는 그날을 기대해본다.

고기를 먹어야지

평소보다 출발이 늦다 싶어 부지런히 걷는다. 건널목 저쪽에 강의실이 보인다. 신호등 초록불이 깜빡거리고 마음이 급해진다. 지금 건너야 지각하지 않는다. 나는 뛰어야 한다.

아직 초록 삼각불 몇 개가 보인다. 정차해 있는 운전자를 쳐다보며 힘껏 뛴다. 한 발만 더 뛰면 노란 도로 표지 선을 넘는다. 순간 왼쪽 바지 끝동에 오른발이 꼬이면서 무참히 사빠진다. 얼굴에 끼고 있던 선글라스가 도로 안쪽으로 퉁겨가고 가방 속 핸드폰이 서너 발 앞으로 굴러간다. 수업 자료도 도로에 널브러진다.

창피하다. 얼른 일어나야겠다는 생각뿐이다. 수술대에 오른 환자가 마취제에 의식이 점점 희미해지는 것처럼 몸이 말을 듣지 않고 행동이 느려진다. 건널목 신호등은 붉은색으로 바뀌어서 차도는 초록색 진행신호. 자동차 길 위에 널브러진 서류를 줍고 핸드폰도 주워 가방에 담는다. 옆 차선에 줄지어 섰던 자동차는 쌩쌩 달려 나가는데, 내가 가로막고 있는 차선은 아직도 움직이지 못한다. 나의 무안함을 아는지 경적도 울리지 않고 줄줄이 대기 상태다. 출근하는 사람도 많을 시간인데….

손바닥에 아스팔트 도로 바닥 자국이 찍혔다. 무릎과 어깨가 시큰거리고 손바닥도 부어올라 아렸다. 서류를 쑤셔 넣은 가방을 들고 다음 건널목에 섰다. 지금이 수업 시작 시각이다. 일방 차도인 길 위는 훤하게 비었다. 잽싸게 또 뛰어 무사히 건넜다. 아무 일 없는 듯 자세를 가다듬고 손가락으로 헝클어진 머리카락을 빗어 내렸다.

이제 다 건넜다 싶어 휴, 한숨이 나왔다. 마음을 진정하고 강의실을 향해 걸었다. 그때다. 모퉁이를 돌아서려는데 노란 조끼 입은 사람이 나를 부른다. 왜 빨간불에 무단 횡단했냐며 따지듯이 묻는다. 몇 년 동안 이 길을 건너다녔는데 한 번도 본 적 없는 경찰이다. 지각하게 생겼는데 경찰까지 나를 힘들게 하는가 싶어 부아가 난다.

조금 전에 건널목 건너다 넘어졌다며 톡 쏘듯 내뱉었다. 부끄럽고 창피해서 어디로든 빨리 들어가고 싶어서 아무 생각 못 하고 길을 건너버렸다는 상황을 설명했다. 미안하다는 말도 덧붙였다.

또 따진다. 한풀 꺾인 설명에도 아랑곳하지 않고 위험한 곳에서 신호도 보지 않고 건너면 어쩌냐고 한다. 신호 확인도 하지 않고 정신없이 건너더라며 사람을 놓아주지 않는다. 그러면 건널목 옆에 서서 신호를 지킬 수 있도록 안내해야지. 모퉁이에서 잠행하여 건너오고 난 뒤에 이런저런 말을 할까. 출근하는 사람 붙잡고 시간을 보내면 지각한다는 것도 헤아리지 못하는 것은 잘못이다. 하고 싶은 말이 입안에서 뱅글뱅글 돈다. 내 잘못은 어디로 가고 짜증만 난다.

죄송하다고 거듭 고개 숙였다. 다음부터는 신호를 잘 지켜 건너겠다고 다짐도 했다. 겨우 모면하고 강의실에 와서 앉았다. 수업 시간 내내 손도 무릎도 아렸다. 내색하지 못하고 한 시간을 마쳤다. 가방 속에 타박상 로션이 있었다. 화장실에 가서 바르면 회복 시간이 당겨질 것을 뻔히 알면서도 생각을 바꿨다. 박하 향의 로션이 사람들의 후각을 자극하여 의문을 일으킬 것 같았다. 상황을 말하는 것도 시선이 집중되는 것도 싫었다.

　새로 오신 선배님 턱으로 점심을 먹었다. 아팠던 경험과 여행 얘기에 아들네 집에서의 아침밥 얘기로 점심시간이 짧은 듯 헤어졌다. 넘어져 찍히고 멍든 내 상처 자국과 경찰에게 붙잡혔던 일은 발아래로 재웠다. 아무리 내 입장을 내세우며 합리화하려 해도 원망하거나 불평해야 할 상대를 찾을 수 없기에 시간이 지나면서 마음을 가라앉힐 수밖에 없었다.

　집에 와서 연고를 바른다. 며칠 전에 읽었던 수필 「약손」이 떠오른다. 눈에 티가 들어간 손녀를 품에 안고 노래하듯 속삭인다. '까치야, 까치야, 니 새끼 물에 빠지면 내가 건져줄 터이니 우리 아기 눈에 든 티 좀 꺼내어다오.'

　어느새 할머니 품에서 쌔근쌔근 잠든 딸을 바라보며 의사인 우하 선생이 쓴 작품이다. 팔십을 넘어서 고목 껍질처럼 마르고 거칠어진 어머니의 손에서 의사도 갖지 못한 신비한 큰 힘을 느끼는 글쓴이의 정감에 가슴 뭉클해지는 글귀가 마음에 맴돈다. 어머니의 손을 모나리자의 손보다 더 아름답다고 표현한 곳에서 눈물 쏟을 뻔했다. 손녀의 눈을 어루만져주는 어머니의 손이 슈바이처보다 더 뜨겁고 모나리자의 손보다도 더 아름답게 보인다고 쓴 대목에서 약손의 만병통치 효력에 믿음이 간다.

　엄마 손도 할머니 손도 이미 하늘에 있는 나는 어디서 약손을 구할까. 적은 나이도 아닌 내가 약손 타령을 한다. '까치야, 까치야, 니 새끼 물에 빠지면 내가 건져줄 터이니 내 상처 좀 낫게 해다오.' 연고 바른 상처 위에 손을 얹어 쓰다듬는다. 신기하게도 아리는 것이 덜하고 빨리 나을 것만 같다.

손 비비고, 서너 번 쓰다듬고 나니 노래처럼 자연스럽다. 입에서는 주문처럼 외우고 마음은 점점 편안해진다. 위약이 아니라 진짜 약이다. 약손은 정말로 존재하는 특효약이다. 사랑 약이다.

채소 가꾸러 밭에 갔던 남편이 돌아왔다. 아무한테도 말하지 못했던 창피하고 부끄럽던 사건을 숨 돌릴 틈도 없이 쏟아냈다. 안쓰러운 듯 공감의 눈빛으로 듣길래 경찰이 나쁜 사람이라도 된 듯 불평불만 섞어 다 털어놓고 나니 속이 후련했다. 위로받을 줄 알고 편안하게 내 합리화 극치를 이룬 건널목 사건에 남편의 반응은 뜻밖이었다.

"고기를 먹어야지. 매일 고기를 먹지 않아서 다리에 힘이 약해져서 넘어진 거요. 내가 내일 고기 사 오리다."

너무 엉뚱한 남편 진단인데 큰 위로가 된다. 이것도 사랑 처방일까. 내 약손에다 고기 사 들고 온 남편의 약손으로 씻은 듯 회복될 것 같다.

함께 걷는 길

화면으로 마주하던 그를 열 달 만에 만난다. 백 세를 앞둔 친정 아버지가 돌아가셨다는 소식을 듣고 위로하는 자리다. 코로나19가 길어지면서 책을 읽고 함께 토론하며 친숙한 그를 오랜만에 얼굴 본다. 줌 창에서 볼 때는 몰랐는데 얼굴이 수척하다. 앞 머리카락에 간간이 서리가 내려 눈매도 깊어 보인다. 우리는 만나면 책 이야기하기에 바빠서 개인적인 이야기는 서로 뜸한 편이다.

정갈한 한정식당에서 저녁을 먹는다. 멕시코 음악이 땅거미 내리는 목조 식탁에 반사되어 메아리 된다. 미학을 전공한 그는 좋아하는 음악이라며 식당 주인과 음반 얘기를 나눈다. 첼로 곡이 흐르면서 나도 말하기 쉬워진다. 친정 부친상 위로보다 수척해진 모습이 더 걱정이다. 날씬해진 것 같은데 운동을 너무 심하게 한 것 아니냐는 내 물음에 살포시 웃는다. 음악에 수저 소리만 따라간다.

"작년 오월에 유방암 수술을 받았어요. 후속 치료는 끝났고, 지금부터 정기적인 검사로 지켜봐야 한대요."

무슨 말을 해야 하는데 입을 열지 못하고 마음만 짠하다.

그는 수술과 몸조리를 위한 휴가는커녕 주변 누구에게도 알리지 않았다. 십 년 전 어느 날 새벽에 심장마비로 남편을 먼저 보냈다. 내색하지 않고 용감하고 단단하게 살아왔다. 말수가 적고 주관이 뚜렷하여 옳지 않은 일에 굴하지 않는 면면이 많다. 세상을 계산으로만 살아가는 동료들과 다른 생각을 가질 때도 더러 있어 보였다. 하루아침에 남편을 잃은 사람에게 동료들이 곱지 않은 시선을 보내서 가슴앓이를 많이 했다고 이제야 말했다. 암에 걸렸다고 말하면서 병가를 쓰고 싶지 않았다고 털어놓았다.

그는 큰아들 결혼식을 며칠 앞두고 친정아버지마저 여의었다. 돌아가시기 하루 전날도 가족들만 모여 간소하게 결혼식을 치르자고 의논했는데, 다음 날 저녁을 먹은 후 얘기를 나누다 엄마의 무릎에 고개를 내리며 조용히 가셨다. 95세인 어머니가 나도 너희 아버지처럼 가고 싶다고 하셨다며 여운 깊게 말했다.

담담하게 부모님 두 분 얘기를 이었다. 가족들이 아버지 장례를 치르면서 집에 홀로 계신 엄마도 하루씩 돌보아야 했다. 그는 어머니와 함께 잠을 자면서 삼십 분마다 한 번씩 기저귀를 갈아야 한다는 것을 비로소 알았다. 십 년 넘는 세월 동안 아버지께서 엄마 기저귀 가는 일을 해오셨다. 아버지는 한 번도 내색하지 않으셨다. 돌아가시는 전날까지 아버지는 그 일을 혼자서 감당했기에 아무도 몰랐다. 이제야 알게 된 형제자매는 부모님 두 분의 동행에 고개를 숙였다. 얘기를 듣는 나도 함께 걸어오신 깊은 울림에 마음이 여몄다.

그가 좋아하는 음악이 또 이어진다. 그는 상대를 불편하게 하지 않으려고 정성 들이고 배려하는 마음이 몸에 배었다. 분위기 덕분일까. 남편을 잃은 후부터 가족 얘기를 하지 않던 그가 오늘은 이것저것 꺼낸다. 우리가 함께한 세월의 길이만큼 쌓여가는 것도 많은가 보다.

내겐 수십 년간 매월 만나는 모임이 있다. 선후배들이다. 내가 육아와 직장 일로 버거웠던 시절에 이끌어주었고 도움도 많이 받았다. 맏언니는 작년에 팔순이었다. 세상 무서운 것 없었던 두 선배는 작년 모임부터 지팡이를 짚고 왔다. 그래도 책을 손에서 놓지 않았다. 짠지를 담가서 나눔 주머니를 만들어 들고 오기도 하고, 색종이로 컵 받침대를 접어와서 선물로 주기도 했다.

말씨가 곱고 맨드리도 좋아서 만날 때마다 존경한다는 말이 저절로 나온다. 내 삶의 길라잡이이기도 하다. 이번에 만나서 문학 동인 수필집을 한 권씩 드렸더니 좋은 선물 고맙다고 몇 번이나 인사한다. 요즈음 도서관에 책 빌리러 가는 것도 여의치 못해서 책이 그리웠는데 정말 고맙다며 환하게 웃는다.

맏언니 전화도 받았다. 내가 드린 수필집을 다 읽었다며 맑은 목소리다. 여러 작가의 글을 읽고, 그들의 일상을 엿보며 더 알차고 부지런한 하루를 보냈단다. 코로나 백신을 꼭 챙겨 맞으라는 말도 잊지 않았다. 나이를 핑계로 물러남이나 투정 없이 유연하고 열려 있는 마음이 곁에 있는 사람을 편안하게 이끈다.

전화를 끊고 돌아서는데 전화벨이 또 울렸다. 옛 동료 택이가 딸 결혼시킨다는 소식을 파이 회원이 알려줬다. 쭉 연락이 없다가 다시 독서 토론 동아리에 합류하고 싶다는 말도 했다. 우리는 서로 입을 닫고 난처한 기색이었다. 함께하겠다는 말은 딸 결혼을 알리려는 핑계라며 얼굴을 붉혔다. 좋은 일을 앞두고 쌓아온 정을 무시할 수 없었다. 축의금만 보내고 참석하지 않겠다는 여러 사람의 의견이 있었다. 나는 직접 방문하기로 마음을 먹었고, 결국 전 회원이 함께 가서 축하했다.

썩 내키는 일은 아니었다. 그렇게 해야 할 것 같은 이성이 내 등을 밀었다. 혼주가 된 그가 환한 모습으로 지인을 반기고 우리도 그 틈에서 격의 없는 축하 덕담을 나누었다. 돌아오는 길이 어찌나 가볍고 좋았는지. 모두가 그랬다. 택이도 한때는 '내가 맞다. 네가 옳다.' 열띤 토론으로 함께 울고 웃었던 소중한 동행이었고 앞으로도 그랬으면 좋겠다.

남편과 동네 뒷산을 오른다. 걸음 빠르기와 걷는 방향이 달라서 따로 걷는 날도 많다. 함께 집을 나서도 앞뒤로 서서 걸어야 하는 오솔길은 혼자 걷는 것과 다르지 않은데, 오늘따라 함께 걷는 길이 편안하다. 십 년 동안 내색하지 않고 기저귀를 갈았던 아내 무릎에 누워 영원한 여행을 떠난 어느 아버지의 아름다운 동행이 예사로운 일이 아니라는 것을 걸음걸음에 새긴다.

둘레길을 돌아내려 와 동네 서점이다. 맏언니 선배에게 전할 책 한 권을 담는다. 진정 무엇이 소중한지 스스로 묻고 답하며 조금씩 단단해져가는 요즈음, 함께 걷는 길 위에서 희망을 붙잡는다.

코로나 풍경

배추를 심기 위해 고춧대를 뽑는 날이다. 밭에서 돌아온 남편이 배낭을 내려놓고 땀이 가시기도 전에 주섬주섬 봉지를 꺼낸다. 거실에 바구니를 내놓고 바쁘게 던져넣는다. 큰 고추, 작은 고추, 붉은 고추, 비타민 고추, 고춧잎까지 온통 고추 천지다. 오렌지색 봉지에 담긴 가지는 저만치 구석에서 꼭지만 빼꼼 보인다. 양이 적은 부추는 처음부터 싱크대로 밀린다. 뒤처리에 벅찼던 작년과 달리 은근히 기다리던 날이다.

다음 날 아침부터 앞치마를 두르고 고무장갑을 끼면서 머릿속 그림을 그려나간다. 비닐 팩에 큰 고추, 작은 고추와 가지를 조금씩 나누어 종이 가방에 넣는다. 붉은 고추는 꼭지를 가위로 반쯤 잘라 건조기에 가지런히 올린다. 조금 붉은 고추는 따로 깍둑깍둑 썰어서 도깨비방망이 볼에 담는다. 온통 어지럽던 거실이 훤하게 드러나면서 마음도 홀가분하다.

건조기 스위치를 꽂고 칠십 도에 세 시간을 맞춘다. 습기를 먼저 날려 보내고 햇빛이 드는 창가에 며칠 말려 양념 고추로 빻을 생각이다. 태양초를 고집하며 햇빛에 내놓기만 하다 물렁물렁해지고 곰팡 슬어 모두 버렸던 때를 돌이켜보며 성공할 것 같아서 으쓱해진

1부 · 괜찮다 괜찮아　49

다. 수확한 것을 먹지 못하고 망쳐버리면 농사짓는 사람에게 미안하다. 쌀 한 톨도 귀하게 주워 담던 엄마 모습이 마음의 지문으로 남아 피할 수 없다. 올해는 허투루 버리는 고추 한 개도 없어야지. 시험 준비하는 학생 기분이다.

찌개와 전 부칠 때 양념으로 먹을 수 있는 매운 풋고추 필요하냐고 여기저기 가까운 사람에게 톡을 보냈다. 냉동실에 보관하면 오랫동안 먹을 수 있다며 후배가 좋아했다. 우리 집 앞을 지나갈 때 받아 가겠다는 답이 왔다. 쇼핑백 두 개를 들고 집 앞 길섶에서 만나 전해주었다. 이웃에 사는 임이 몫도 반가이 실어 갔다.

두 달 만에 얼굴 본다. 코로나19 방역이 우리 지역도 4단계로 높아져서 동아리 활동도 중단되었고 밖에서 만나기도 까다롭다. 매주 만나던 독서 동아리 후배들이라 잠깐 만나도 여간 반갑지 않다. 그를 보내고 집으로 올라오는 길에 친구 톡도 읽는다. 풋고추는 반가운데 어떻게 받을지 걱정한다. 숙이는 지금 자가격리 중이다. 함께 수영하는 회원 중 확진자가 생겨서 일주일째다. 내가 두부 사러 가는 길에 배달해주기로 한다.

나누어 둔 풋고추 종이 가방에 부추김치 한 병도 담았다. 마스크와 선글라스를 끼고 집을 나섰다. 숙이 집 가는 길에 옥이도 불러내어 한 봉지 주기로 했다. 우리 집과 숙이 집 중간에 살고 있어 쉽게 나눌 수 있어서 좋았다.

얼굴에 땀이 맺힐 때쯤 저 앞쪽에서 옥이 손을 흔든다. 반갑게 주먹 악수한다. 큰 고추는 양념으로, 작은 고추는 장조림 해 먹고 가지는 굽거나 나물로 먹어라. 종이 가방 하나 쥐어주며 총 쏘듯 내뱉고 걸음을 재촉한다.

숙이는 경비실에 맡겨달라 했는데 사람이 없었다. 잠시 머뭇거리는데 현관문이 열렸다. 안에서 사람이 나올 때 얼른 들어갔다. 승강기 타고 숙이 집에 올라가 문 앞에 종이 가방을 두고 내려왔다.

바퀴 달린 듯 빨리 걸었다. 맛 좋기로 소문난 두부 가게는 일요일이라 문을 닫았다. 숙이한테 두부 사러 간다고 한 말은 핑계였다. 두부 가게 앞에서 숙이한테 전화 걸었다. 문 앞에 종이 가방 두고 왔다고.

집까지 배달해준 귀한 땀의 결실 잘 먹겠다며 어떻게 먹을까 묻는다. 큰 고추는 꼭지 따고 마른 수건으로 닦아 지퍼백에 가지런히 넣어서 냉동실 보관! 필요할 때 서너 개씩 다져 양념으로 넣기. 작은 고추는 꼭지 따고 씻어 물기 없앤 후에 팬에 참기름 넣고 볶아서 고추장과 매실청 양념 소스에 재어 반찬하고. 비타민 고추는 구분 없이 취향대로 먹으라는 긴 답글을 보낸다.

'딩동~, 매우 상세한 레시피 및 식용법 안내 감사, 나는 답~ 답합니다. 부추김치 먹으며 자가격리 잘 견딜게요.'

마음이 짠하다. 코로나 팬데믹이 평범한 일상을 몰아낸 지 삼 년째다. 말없이 잘 견디는 수많은 자가격리 대상자의 고충이 숙이 문자에 다 묻어난다.

'왜 아니겠어요. 많이 답답하지요. 언제라도 호출하세요. 왕 수다도 가능합니다.'

위로와 응원을 톡으로 날렸다.

'아직도 감~ 감~. 꼬박 일주일 더 공주 놀이해볼게. 덕분에 힘이 난다. 아자아자!'

휴, 안심이다. 내친김에 폰을 또 누른다. 지난봄에 승진한 후배다. 코로나19 상황이 좋아지면 밥 한 끼 먹으며 축하하러 했는데 도무지 기회가 없다. 현직에 있는 사람을 만나려면 눈치 보인다. 나 만나러 나왔다가 코로나에 걸리면 여러 사람에게 피해 줄까 봐 미루어진 전화다. 벌써 계절이 바뀐다. 더 늦기 전에 한번 만나고 싶어 안부 톡이다. 백신 접종을 해서 괜찮다며 만나자고 야단이다.

태풍 예보에 약속된 날짜를 바꾸어 만났다. 코로나19 이후 이 년 만이었다. 가족 안부부터 직장 이야기까지 봇물 터지듯 쏟아졌다. 밥 먹고 차 마시고 간식도 사서 나누며 접어두었던 얘기꽃을 펼쳤다. 헤어질 때 부추김치 한 도시락을 건넸다.

연락이 왔다. 아침에 부추김치랑 밥 한 그릇 뚝딱했다며 자연 그대로의 맛이어서 더 좋았다는 후배 문자다. 몇 번 양념을 바꿔가면서 애쓴 보람이 있다. 늘 쫓기며 살아온 직장인 주부는 한 젓가락 반찬이라도 찡할 만큼 고마울 때가 많다.

저녁 준비하면서 작은 고추를 참기름에 볶았다. 찬기에 담아 고추장과 매실청 소스를 얹고 사진을 찍었다. 옥이도 그 시각에 예쁜 접시에 담긴 고추볶음 요리 사진을 올렸다. 나도 얼른 전송했다. 자가격리 중인 숙이가 더 맛난 고추볶음 사진을 올렸다. 부추김치와 맛난 아침밥을 먹었단다. 신통하게도 한마음인 듯 오갔다. 옥이가 한 톡 추가다.

'우리 이 나이에 웃긴다, 그지.'

직장 일보다 가족의 한 끼 식사 해결이 나를 훨씬 더 긴장하게 했던 시절이 스쳤다. 그때 누군가 챙겨주는 반찬 한 가지가 손에 들리면 그렇게 행복하고 넉넉할 수 없었다. 이제 나도 누군가에게 밥 한 그릇 뚝딱할 수 있도록 반찬거리 나누는 주부가 되었다.

거리낌 없이 만나 밥 먹고 담소 나누었던 일상을 간절하게 기다리는 하루. 푸성귀 한 줌씩 나누는 소소한 정이 코로나 팬데믹도 물리칠 수 있는 평범한 우리의 저력이다.

2부

다 잊었다

소리 공포

안테나

다 잊었다

향연

물 탄 소주

감동을 적다

잉카 비스킷

안테암블로

스틱 드레스

사다리

흙탕물 처방

소리 공포

자원봉사를 하겠다는 꿈이 있다. 지금까지 살아온 나를 돌아보면 고마운 일이 참으로 많다. 내 능력 이상으로 살아온 데 대한 누군가의 도움과 사랑이 느껴져 시시로 마음 저민다. 보답하는 길이 무엇일지 자주 고민한다. 작지만 소중한 일, 내가 할 수 있는 봉사활동에 관심을 두게 된다. 나름으로 봉사자 모습을 상상하며 이것저것 챙긴다.

두 해 전, 관광도시 콘퍼런스가 있을 때 벡스코에서 봉사활동을 했다. 여러 도시에서 온 회의 참석자들에게 좌석 안내를 맡았다. 짧은 영어 실력으로 맡은 일을 가까스로 마쳤다. 영어 회화가 잘되면 더 매끄러운 안내를 했을 텐데 하는 아쉬움이 남는 하루였다. 바로 평생교육원 영어 회화 과정에 등록했다. 오랫동안 눈길 주지 않았던 영어 사전의 먼지를 털어내고 교재와 노트도 장만했다.

뚜벅이 셋이 화요일마다 가까운 곳을 걷는다. 황령산 둘레길 위에서 잠시 땀수건으로 이마 훔치며 영어 한마디 한다. 영어 공부도 같이해야지 혼자 하는 게 어렵냐며 친구가 단박에 발을 담근다. 내친김에 담당자에게 전화를 걸어 때늦게 등록하고 합류한다. 코로나19로 폐강 위기에 몰렸는데 두 명의 친구가 추가 등록을 하는 바람에 강좌가 살아남겠다고 반긴다.

우리는 세 학기째 수강 중이다. 친구들과 서로 옆자리에 앉아서 퇴화한 언어 영역의 뇌를 움직이며 문법과 숙어에 적응하느라 애쓴다. 은근히 서로의 능력이 비교된다. 전용 가방을 만들어 들고 갔다가 돌아와서 화장대 밑에 고이 넣어둔다. 일주일 뒤에는 의심의 여지 없이 그 자리에 있는 가방을 들고 갔다 오길 반복한다. 욕심 없이, 세월이 가면 가랑비에 옷 젖듯이 남는 게 있을 거다. 한 번도 집에서 책을 꺼내 보거나 학습 내용을 생각한 적도 없다. 강의실을 나서는 순간, 또 새로이 펼쳐지는 일상에 영어 공부는 새벽안개처럼 사라진다.

한 친구가 집에서도 책 내용을 듣고 있다며 소개했다. 담당 강사도 여러 번 말했지만 그렇게까지 신경 쓰면 오래 공부할 수 없다는 내 합리화로 넘겨버렸다. 마음이 달라졌다. 친구가 말하니까 의지가 솟구쳐 스마트폰에 프로그램을 깔았다. 강의 내용을 무한으로 반복해서 들을 수 있다는 말이 더 솔깃했다. 자주 듣고 열심히 해야지 마음을 다잡았다.

생각과는 달리 하루는 빨리 지나갔다. 꼭 들어봐야지 하면서도 잠자리에 들 때 감쪽같이 잊어버리고 편히 잤다. 오늘은 기어이 들어봐야지. 스마트폰을 들고 잠자리에 누웠다. 금방 잠들지 않는 날이 많은데 한 번씩 들으면 이보다 좋은 길은 없지 싶었다.

첫 강의 내용이 귀에 쏙 들어왔다. 곧 입이 터질 것 같았다. 잠들기 전 자투리 시간을 잘 활용할 수 있겠다는 즐거움도 생겼다. 강사가 같이해보자 제안하고 혼자 말하는 시간을 주면서 참 잘했다고 칭찬도 했다. 구성이 잘되었다고 평가해가면서 편안하게 누워 귀 기울여 듣고 있는 내가 대단하기까지 했다. 빨간 모자에 새까만 봉사활동 재킷을 입고 외국인을 안내하며 웃고 있는 내 모습이 그려졌다. 혼자가 아니라 친구와 셋이서, 얼마나 보람되고 행복할까.

뒤척이다 눈을 떴다. 깜빡 잠이 들었다. 갑자기 귀에서 구급차 소리가 들렸다. 일어나서 화장실을 다녀왔는데도 왼쪽 귀에서 웽웽거렸다. '이게 뭐지?' 당황하여 다리가 휘청거렸다. 손바닥으로 귀를 막았는데도 멈추질 않았다. 거실에 나와서 서너 바퀴 걸어보기도 하고 정수기와 냉장고 스위치를 뽑아도 귀에는 소리가 계속되었다. 혈압이 올라서 뇌혈관에 문제가 생겼나 의심도 해 보았다. 고개를 뒤로 젖혀보고 온갖 스트레칭을 하면서 정신을 차리려고 버둥거렸다.

새벽 두 시다. 응급실에 가야 할까. 남편을 깨울까. 소리가 날 만한 전원 코드는 다 뽑았고, 머리를 흔들어도 생각이 있는 것을 보니 혈관 문제는 아니다. 안간힘을 쓰며 한 가지 한 가지 문제 상황을 점검한다. 삼십여 분이 지났는데 왼쪽 귀에서 앵앵거리는 소리 때문에 미칠 지경이다. '무엇이 문제인가. 내가 지금까지 해왔던 것과 새롭게 한 일은 무엇이었지. 새롭게 먹은 음식이 있었나.' 뺨을 토닥토닥 두드리며 '괜찮아, 정신 차리자.' 내가 나를 달래고 안심시키는 말을 해도 공포는 더 커진다.

다시 나를 안심시키는 주문을 시작했다. 따뜻한 손의 온기가 뺨을 두드리는 리듬에 얹혀 실타래가 돌았다. 아침, 점심, 저녁 메뉴에다 시간별 일정을 떠올렸다. 특별한 것이 없었다. 그러고도 안방에서 거실로 들락거리기를 여러 번. 그제야 '아하!' 아까 잠에서 깨었을 때 스마트폰에서 계속 흘러나오고 있는 영어 회화 유튜브 방송을 중단시켰다는 생각에 이르게 되었다. '맞아! 맞아, 이거였어!'

대상과 원인을 알 때의 무서움은 불안이다. 무서움의 대상을 모를 때 생기는 것이 공포이다. 나를 괴롭히는 이 소리 공포가 불안으로 바뀐다. 켜두고 잠들었던 영어 회화 강좌가 세 시간 가까이 귀 왼쪽에서 계속 울린 것에 생각이 미치자, 마음이 가라앉기 시작한다. 잠든 귀에 계속 소리 파동을 전했으니 세 시간 정도 지나고 상태를 봐야지. 겨우 자리에 누워 잠을 청한다.

환해서 눈을 떴다. 차이콥스키 안단테 칸타빌레가 빠끔히 열려 있는 문틈으로 들렸다. 아침 시간이 제법 지났다. 남편은 내가 밤새 들락날락한 것을 알았는지 깨우지 않아 고마웠다. 나를 휘감으며 미칠 지경까지 내몰았던 구급차 소리도 사라졌다. 감사하는 마음과 어리석은 생각이 단숨에 밀려왔다. 공부도 하던 사람이 해야지, 때늦은 영어 회화 공부에 어설픈 욕심을 부리려다 된통 혼났다. 가랑비에 옷 젖어 들 듯 쉬엄쉬엄하자 했던 초심으로 돌아왔다. 영어로 봉사할 수 있는 날을 포기할 수는 없다. 아시안게임이 아니라 여행에서 만나는 외국인 친구에게 부산 자랑거리 한 가지라도 자연스럽게 말할 수 있을 때까지 가랑비라도 꾸준히 맞아야겠다.

공포를 불안으로 만드는 순간, 상황은 급선회한다. 삶의 과정에서 만나는 수많은 불안은 적당한 수준에서 내가 통제할 수 있으니까. 성장하고 발전하는 과정이다. 그러나 스마트폰으로 오래 듣는 것은 분명 공포다. 세상을 획기적으로 발전시킨 스마트폰도 잘못 사용하면 대단한 공포의 대상이다. 지난밤 나처럼.

나를 제대로 챙기는 것이 봉사의 출발임을 비로소 알았다. 주변 사람들의 걱정을 줄이는 것도 작지만 소중한 봉사다. 욕심부려서 될 일이 아니다.

안테나

나는 금정구에 산다. 벌써 열여섯 번째 여름이다. 이사 온 첫날부터 거실에 앉아 떠오르는 햇살과 산마루를 마주한다. 그냥 좋다. 이리 봐도 산이다. 저리 봐도 산으로 둘러싸여 볕 그물 내리는 마을이 따사롭다. 외지 사람이 내가 사는 곳을 자주 묻는다. 마를 날 없는 금샘이 있는 금정산성 아랫동네라 답한다.

내 기억의 산, 고사리와 도라지를 찾아 헤맨다. 뻐꾸기 울음소리에 나리꽃이 핀다. 도토리, 떡갈나무 향이 은은한 산자락에 알밤이 떨어진다. 밤을 주워 담으며 넉넉함에 어깨 으쓱했던 놀이터이다. 마음 밭에 풍성함을 주었던 산을 밤낮없이 바라볼 수 있는 우리 동네에 친구들이 온단다. 내 집에 오는 손님인 양 분주하다.

코로나19로 미루어진 나들이 날이 다가온다. 지미동智美同 친구 여섯 명이다. 스치는 바람 소리와 흙냄새를 맡으며 시나브로 걷고 싶단다. 회동수원지 땅뫼 황토 숲길이 당첨되었다. 대중교통을 이용하면서 하루를 온전히 눈과 마음에 담을 작정이다. 모든 일정의 길라잡이는 나다. 무엇부터 해야 하나.

현장 답사에 나선다. 수없이 걸었던 길이다. 다른 날은 발길 가는 대로 걷다 돌아오고 싶을 때 집으로 향한다. 오늘은 사뭇 다르다. 집을 나서서 목적지 버스 노선 건너편에 선다. 금정 마을버스를 타고 생태체험 길 정류장에서 내린다. 숲이 우거져 그늘 드리운 길을 잠시 걷노라면 정자를 돌아 늪이 시작된다. 땅뫼산 둘레를 걷는 프롬나드 길이다. 나지막하게 울을 치고 갑판으로 연결된 구불 길은 초록 가르마다. 양쪽으로 갈대와 부들, 창포가 실바람에 일렁인다. 잎들이 서로 사각이며 찾는 이를 반긴다. 몇 걸음 옮겼을 뿐인데 어느새 나는 길과 하나가 된다.

십여 분 지나면 땅뫼 황토숲길 안내판과 상세한 그림지도가 눈에 들어온다. 여기가 출발점이다. 달리기의 구름판 같은 숨 고르기 구간이다. 땅뫼를 찾은 사람들이 맨발 되는 곳, 양말을 입에 문 운동화는 주인의 양손과 악수로 동행한다. 곧장 반들반들 황톳길이다. 쭉 뻗은 나무줄기 사이로 길이 백열전구 빛처럼 이어진다.

왼쪽은 숲 그늘이다. 오른쪽으로는 회동 수원 호수가 펼쳐진다. 수면이 대양으로 이어진 듯 산굽이를 타고 끝이 없다. 숲을 오롯이 닮아 있는 시민의 생명수는 둘레의 자연과 생명체들을 포근하게 감싸안는다. 땅뫼산은 윤산, 부엉산과 아홉산으로 이어진다. 수원 전경이 우리나라 지도와 닮았다는 소문이다. 어느 쪽이든 높은 봉우리에 올라야 지도 모양을 맞춰볼 수 있다기에 계속 걷는다.

십오 분쯤 더 걸어 들어가면 편백숲 쉼터다. 얼굴 가까이 앉아서 담소하기 좋은 공원 벤치가 여기저기서 방문객을 부른다. 물과 닿을 듯 자리 잡은 팔각정자는 늘 대기표 없는 매진석이다. 우거진 둘레 나무 둥지에는 장인들이 만들어 붙인 매미와 무당벌레가 어린이 방문자의 시선을 잡으며 숲속 가족이 된다. 경사진 편백 공원 앞 황톳길 허리에는 나무 가름대를 얹었다. 걸음에 탄력을 실어주는 가름대 옆 가장자리 반쪽은 경사길 그대로다. 같은 길도 선택하여 걸을 수 있도록 두 갈래 길을 조성한 이 구간을 사람들이 좋아한다.

한 바퀴를 돌아 어귀에 오면 부엉산 쪽으로 조물조물 본동마을과 주차장이다. 계속 걷고 싶은 사람은 길을 따라 앞으로 간다. 종종 뒤돌아 걸어 나오기도 한다. 또 다른 풍광을 만날 수 있기 때문이다. 걷기를 멈추고 싶으면 장독대 같은 의자에서 발을 씻는다. 수도꼭지를 틀면 항아리 배꼽으로 물이 부딪쳐서 튀지 않아 편안하다. 여기서 밟고 왔던 황토를 되돌려 주는 세족 쉼터다.

천천히 돌아 출발점까지 사십여 분 걸린다. 둘레길 중간쯤에는 '꽃길만 걷길' 사진 명소가 있다. 편백숲이 황톳길과 호수에 어우러져 하나 되는 경치다. 그냥 지나치는 사람은 거의 없다. 글자판을 가운데 두고 모양 잡기에 바쁘다. 모두가 관중이다. 행복한 얼굴이 카메라 창에 주렁주렁 달린다.

해가 기운다. 이쪽은 땅거미가 내리는데 저쪽은 윤슬에 산그림자가 머문다. 편안하다. 맨발로 황토 부드러움에 취해 걷고 있는 사람들은 성인의 얼굴이요 철학자의 눈동자다. 도란도란 이야기가 이어지고 이따금 들리는 웃음소리는 솔잎 사이로 번져오는 음악이다. 바로 앞에서 어린아이 둘이 맨발로 아장걸음을 재촉한다. "너무 느낌이 좋아. 할머니도 그렇지." 돌아보며 서로 웃는다. 사회적 거리 두기 2단계 기간이라 땅뫼 걷기 가족들이 많다. 아이와 조부모까지 동행한 대가족이 집 마당 거니는 듯 정겹다.

할머니가 생각난다. 엄마 소리가 들린다. 황토숲길은 내 기억의 방바닥이다. 한 걸음 옮길 때마다 나는 움직이는 안테나가 된다.

서너 개의 선명한 전파가 잡힌다. 걱정 없이 꿈꾸고. 세상을 담은 하늘에 걱정 없이 푸른 날이었다. 그런 황토 산과 둘레길이 우리 가까이 있다.

어릴 적, 할머니를 따라 절에 자주 갔다. 셋째 딸인 나는 집안일에 보탬이 될 수 없던 때였다. 할머니 기도에 수행비서는 될 수 있었다. 부채로 모기를 쫓는 손길을 느끼며 무릎베개로 잠을 잤다. 주지 스님이 아버지와 우리 가족 이름을 줄줄이 부르면 할머니는 기원하고 절하며 밤을 새웠다. 돌아오는 다음 날 길은, 언제 집에 도착할지 걱정에 어린 몸부터 무거웠다. 걸어도 걸어도 지겨워질 무렵 멀리 황토 산기슭이 민낯을 내밀면 그리 반가울 수 없었다. "아, 집에 다 왔구나." 안도감에 피곤한 다리에는 힘이 솟고, 할머니 앞서 걸으며 종알종알 노래도 불러댔다.

명절이 오면 할머니와 나는 황토 산에도 갔다. 기슭에서 황토를 장독소래기에 떠 왔다. 흙가루를 부침개 반죽처럼 걸쭉하게 만들어 짚수세미에 묻혀 밀었다. 푸르죽죽하던 놋그릇이 구릿빛을 띠며 윤이 났다. 멍석에 앉아서 놋그릇을 닦는 일은 만만치 않았지만, 황토가 그릇의 품격을 바꿔놓을 때마다 신기하고 뿌듯했다. 언니들과 빙 둘러앉아 할머니 춘향전 얘기를 들으며 빡빡 문질러대면 언제 시간이 갔는지 몰랐다. 어느새 명절맞이 과제도 끝나 있었다.

안테나 발바닥은 따스한 아랫목이다. 엄마 다듬이질 소리가 들린다. 꽃무늬 천으로 원피스 짓던 재봉틀도 돌아간다. 소매길이 맞추어보자며 언니를 부르던 엄마 얼굴이 그려진다. 내 옷 만들 차례가 언제 올지 애탄다. 울고불고 보채며 엄마를 괴롭힌다. 철없던 어린 시절 내 모습에 정신이 든다.

들머리 프롬나드 길에 다시 섰다. 시원한 수목원에서 친구들과 황톳길 산책을 생각하며 마을버스에 올랐다. '잘했고, 잘하고 있고, 잘할 거야.' 갈색 페인트 바탕에 검은 글씨로 벽에 새겨진 글귀다. 들어갈 때는 보지 못했는데 이제야 눈에 들어온다. 땅뫼산을 찾은 모두에게 보내는 응원과 격려다. 이 길을 걷는 모두를 보듬는 말에 마음이 따뜻하다. 나도 잘했고, 잘하고 있고, 잘할 것만 같다.

집에 와서 안내 사진과 일정표를 지미동에 알렸다. 반응이 뜨거웠다. 며칠 만에 땅뫼 황토숲길 안테나가 단단히 전파를 탔다. 다른 친구들도 함께 걷고 싶다는 연락이 왔다. 핑계를 댈 수 있는데도 나는 얼른 대답하고 말았다. 다섯 팀이 날을 잡았다. 땅뫼 산책길에서 친구들은 어떤 반응을 보일까. 결국 좋은 길이 사람을 품고 불러 모으는 안테나다.

다 잊었다

　엄마는 큰언니에게 단호한 목소리로 당부했다.
　"한 치의 실수도 없이 끝내야 한다. 한 번 만에…"
　큰언니는 대답하지 못하고 가만히 서 있다. 안사돈이 그런 큰언니에게 솜이불을 넘겨주었다. 이불을 받아 든 큰언니의 얼굴은 처음 보는 표정이다.
　"한 번이면 된다. 네 동생 살린다 생각하고 눈 딱 감아라."
　엄마는 명령하듯이 말했다.
　"어서 해. 뭐 하는 거야."
　재촉하는 목소리를 들으며 나는 구석에서 두 손으로 얼굴을 감쌌다. 조용한 방 안에는 양가 어른의 숨소리만 들렸다. 먼지가 내려앉는 소리까지 들리는 긴장감으로 방 안의 공기는 팽팽한 그 순간 큰언니 목소리가 들렸다.
　"나는 못 해. 하려면 엄마가 해."
　눈을 떠보니 이불을 안은 채 큰언니가 울고 있다.
　"애기하고 눈이 마주쳤어. 나는 이불을 못 씌워…. 못 해."
　"저 등신 같으니라고…."
　엄마가 언니의 등짝을 내려쳤다. 엄마의 목소리도 떨렸다. 그때

안사돈의 심부름 갔던 작은언니가 방 안으로 들어섰다. 울며 뛰어나가는 큰언니를 쳐다보았고, 눈가가 젖은 두 어른과 방바닥에 내동댕이쳐진 이불을 보고 작은언니는 조금 전 일을 짐작했다. 작은언니가 모두 나가시라고 소리 질렀다. 다시는 아무도 우리 집에 오지 말라며 아기를 품에 안았다.

현이는 언니의 딸이자 나의 사랑스러운 조카다. 위로 아들을 둔 언니 내외는 태어나는 아기가 딸이길 간절히 바랐다. 그러다 정말 딸이 태어나자, 세상을 다 얻은 사람처럼 행복해했다. 남자 조카만 여럿이었던 우리 자매는 마치 자신의 딸이 태어난 것처럼 좋아했고, 마음으로 축하해주었다.

아기가 태어나 이틀째였다. 의사 선생이 아기에게 이상이 있는 것 같다며 고개를 갸웃거렸다. 우리는 이렇게 예쁜 아기에게 무슨 말을 하는 거냐며 의사의 말을 믿지 않았다. 그렇다고 그 말을 무시할 수도 없었다. 고민하다가 아홉 남매를 잘 길러내신 엄마께 연락했다. 엄마는 소식을 듣고 한달음에 달려오셨다. 갓난아기의 몸 여기저기를 찬찬히 살펴보시던 엄마의 표정이 점점 어두워지더니, 아기의 척추가 이상한 것 같다고 뒷말을 삼켰다. 며칠 후 의사 선생은 아기에게 선천성 척추측만증이라는 진단을 내렸다. 엄마의 경험치도 의사 선생과 크게 다르지 않았다. 아기의 병명이 척추측만증이라는 소식에, 가족 모두는 우리 집에 장애인이 없는데 왜 이런 아기가 태어났는지 한탄했다. 엄마는 앞으로 아기 때문에 작은언니가 감당해야 할 미래의 일로 밤잠을 이루지 못하셨다. 그러다가 안사돈끼리 아기를 떠나보내자고 의논하기에 이르렀다. 그러나 이 일은 큰언니의 거부로 보기 좋게 실패로 끝나버렸다. 작은언니는 그날부터 시댁과 친정 식구를 경계하며 여린 몸으로 딸을 지키려는 전사의 삶을 살게 되었다.

장애를 가졌음에도 아기는 무럭무럭 자랐고 현이라는 예쁜 이름도 가지게 되었다. 작은언니는 현이의 장애가 자기가 지은 전생의 업 때문이라며 더 정성을 쏟았다. 작은언니의 지극한 정성에도 현이의 굽은 등은 펴지지도 않았고 펼 수도 없었다. 용하다는 병원과 약이 있다는 소문만 들으면 그곳이 어디든지 달려갔다. 늘어나는 병원비와 약값 때문에 돈이 되는 것은 모두 팔기에 이르고야 현실에 순응하게 되었다. 그렇다고 작은언니가 현이를 포기한 것은 아니었다.

척추측만증은 척추의 마디가 굽어 장기를 누르게 되어 호흡이 힘들며 운동도 할 수 없는 병이다. 걸어 다닐 때도 팔과 다리에 저림 증세가 있을 수 있다. 현이는 작은언니의 눈물과 사랑을 먹으며 크고 있었다.

현이의 몸이 자랄 때마다 병원에서 척추 보조기를 맞추는 일만은 절대 늦추지 않았다. 걸음마 이후부터 척추 보조기를 착용해야 했는데, 보조기 형태가 드러나지 않게 하려고 의상실에서 옷을 맞춰 입혔다. 그때마다 작은언니는 현이가 크고 있다며 좋아했다. 몸이 한쪽으로 기울었지만 현이의 목소리는 우렁찼다. 또렷한 이목구비는 어디에서도 빛이 났으며 공부를 잘해 반장을 도맡아 했다. 그런 현이 옆에는 친구들이 늘 함께여서 언니를 기쁘게 해주었다.

현이가 초등학교 3학년 때였다.

'나도 대중목욕탕에 가보고 싶다. 내가 말하면 엄마가 울까 봐 꾹 참는다.'

현이의 일기장을 본 작은언니가 울면서 나에게 전화했다. 작은언니의 전화는 나에게 도움을 요청하는 목소리로 들려왔다. 목욕탕에 가는 일상적인 일은 누구나 누릴 수 있는 일인데, 현이는 휜 등 때문에 가족탕만 다녔다. 텔레비전이나 책으로 보는 대중탕이 당연히 궁금하고 가보고 싶었을 것이다. 나는 작은언니 대신 현이를 데리고 대중탕에 가기로 마음먹었다.

며칠 후 일요일에 현이와 손잡고 대중탕으로 갔다. 탈의실에서 옷을 벗을 때였다. 현이가 겉옷을 벗자 척추 보조기가 드러났고 순간 사람들의 시선이 현이에게로 향했다. 짧은 순간이었지만 당황스러웠고 작은언니가 생각났다. 그동안 얼마나 가슴 아픈 일이 많았을까. 못 볼 것을 보듯 쏟아지는 시선들을 감당하느라 정말 힘들었을 작은언니 생각에 가슴이 먹먹했다.

사람들의 시선에서 현이를 지키기 위해 나는 더 당당해지기로 했다. 뜨거운 온천탕 안에서 목욕 수건 두 개를 현이의 양손에 쥐여주고 밀고 당기면서 몸을 풀어주었다.

"아! 현이 잘하네, 아까보다 멀리 갔네!"

"이모! 우리 저기 뜨거운 물 나오는 곳까지 가볼까."

시간이 지나며 우리 둘을 쳐다보는 사람들의 시선이 달라지는 게 느껴졌다. 탕 주변에 빙 둘러앉은 사람들이 하나둘 말을 걸어왔다. 따뜻한 눈길로 현이를 지켜보며 응원해주는 바람에 우리는 대중탕에서 즐겁게 시간을 보내고 돌아왔다. 그날 밤 현이의 일기장에 어떤 내용이 쓰였는지 궁금했다.

현이가 중고등학교를 졸업하고 서울에 있는 약학대학에 진학하게 되자 집을 떠나 자취를 시작했다. 현이는 대학 생활에도 잘 적응해 우리의 걱정을 무색하게 했다. 다른 사람보다 불리한 육체적 조건에도 학기마다 반액 장학금을 받으며 전액 장학금에도 욕심을 내보였다.

"이모, 나도 전액 장학금을 받고 싶어. 더 열심히 공부할 거야."

전액 장학금에 도전하겠다던 3학년 봄 학기였다.

중간고사를 마친 현이가 머리가 깨어질 듯 아프다며 작은언니에게 전화를 해왔다. 지방(진례면)에 사는 작은언니가 당장 갈 수 없어서 서울 119에 도움을 요청했다. 119는 즉시 출동했으나, 현관문을 여는 데 시간이 걸려 골든타임을 놓치고 말았다. 병원으로 옮겨진 현이는 하루를 넘기지 못하고 그만 하늘나라로 떠나버렸다.

"미안하다. 혼자 있게 해서 정말 미안하다. 내가 너를 지켜주지 못해서 미안하다."

작은언니는 하염없이 자책하며 울면서도 현이의 마지막 가는 길에 소홀하지 않으려고 안간힘을 쓰고 있었다. 그러던 중, 현이가 다니던 대학교에서 연락이 왔다. 장애가 있음에도 불구하고 약학 식물채집 탐험대 활동에 앞장섰던 현이를 위해 선후배와 교수진이 수목장하면 어떻겠느냐는 의견을 전해왔다. 언니는 아주 좋아했다.

장례식 날 현이의 유해가 교정을 한 바퀴 돌고 캠퍼스 동산에서 발인제를 지냈다. 친구와 선배가 조문을 읽고 학과 교수님이 장례 목회를 인도해주셨다. 가족, 선후배, 교수진 일백여 명이 국화꽃 한 송이로 마지막 이별을 고했다.

현이의 발인과 수목장을 치르면서 우리는 치유의 순간과 마주하게 되었다. 현이는 단 한 번도 장애를 갖고 태어난 자기 몸에 대해 속상해하거나 자신을 남과 비교하지 않았다. 날마다 스스로 할 수 있는 일에 최선을 다하며 주변 사람과 사랑을 나누고 희망을 전했다.

　현이를 보내고 우울증을 심하게 앓았던 작은언니의 슬픔도 엷어지고 있다. 꽃피고 잎 지는 계절을 여러 해 떠나보내면서 '잊었다. 이제는 다 잊었다.' 말하며 살고 있다. 그러면서도 계절마다 내게로 왈칵 달려오는 현이를 생각하며 또 하루를 접는다.

향연

물 폭탄이 쏟아진다. 무거운 가방을 두 손으로 붙들고 빗길 허리에 선다. 약속 시각이 벌써 한 시간을 넘어간다. 급한 마음에 큰길까지 더 걸어서 겨우 택시에 들앉는다. 점잖은 기사님이 뒷거울에 비친 나를 살핀다. 이 날씨에 댁에 계시지 않고 어디로 출타하냐고 걱정하며 이리저리 골목길로 운전하여 목적지 들머리에 내려준다.

물에 빠진 생쥐가 되어 벨을 눌렀다. 잠시 몸에 붙어 버티고 있던 빗방울들이 와르르 떨어졌다. 현관문을 밀고 나온 두 후배가 넘어갈 듯 놀랐다. 이미 포기한 내 모습이 정말 우스운가 보다. 수건을 발아래 놓고 머리도 훔친다. 오늘 저녁 제대로 불태우자. 얼마나 굵은 빗줄기를 뚫고 내가 여기에 왔는지 알기나 하냐고 볼멨다. 후줄근해진 내 모습보다는 무사히 도착한 안도감에 너스레를 떨었다.

우리는 십이 년째 위대한 저서를 함께 읽고 토론하는 '파이데이아' 책 친구다. 매주 한 번씩 만났으니, 흉허물이 없는 사이다. 해마다 여름 휴가철 이 주 동안 파이 방학을 한다. 발제와 열띤 토론 시간 즐거움도 크지만, 방학을 보내는 재미도 여간 쏠쏠하지 않다. 책 대신에 향연을 벌이자고 번번이 다짐한 터다. 식사 한 끼와 담소에 만족하지 못하고 다부지게 의견을 모아 잡은 날이다.

저녁은 밖에서 먹고 만나자고 제안했다. 그러면 배불러서 향연 멋이 떨어진다고 둘 다 반대다. 무슨 꾼처럼 얘기하는 바람에 엉겁결에 내 말을 거두어들이고 말았다. 반푼이 술꾼인 나는 은근히 저녁 거를 걱정이었다. 다행히 멍게비빔밥과 미역국이 올랐다. 내 주량을 모르지 않으니 배려가 고마웠다. 마주 앉은 긴 탁자에는 와인 두 병이 나란히 섰다.

한 잔 두 잔, 향연의 궤도에 올랐다. 한 번 온 인생 어떻게 살아야 할까, 순이가 입을 열었다. 이 세상을 마감한다는 것은 한편으로는 섭섭하지만, 다른 한 편으로 좋은 일이기도 하지 않겠느냐며 나를 보았다. 한세상 살아가는 부침과 괴로움을 다시 겪고 싶지 않을 때가 있다고 했다. 붙임성 좋고 솔직하게 자기를 표현하는 평소의 모습과는 달랐다. 하루하루의 소중함에 감사한 시간이 많다고 말해왔다. 다시 돌아올 수 없는 오늘을 괴롭게 살지 말자고 힘을 실었다. 하루의 소중함에 의미를 찍었다.

책을 읽으면서 스스로가 변한 것을 느낀다는 말로 한 발짝 더 내디딘다. 뭔가를 읽고 느꼈다고 뒤질세라 목청 높이며 주장했던 것들이 부질없었음을 인정한다. 같은 책을 읽고도 사람마다 느낌은 다르다. 그 다름을 인정하기보다 내 의견을 주장하려고 더 힘을 기울인 것 같다는 말에 잔을 부딪친다. 그리고 보면 우리는 왜 책을 읽고 있는가. 책 속에서 얻은 것은 무엇인가. 학문하는 사람도 없고 자격증을 받는 것도 아니다. 세세한 내용으로 옳고 그르다고 주장하는 것이 가당키나 한지 의문도 가진다. 한때는 토론 중에 싸울 듯 팽팽한 의견 대립도 있었다. 자기 의견에 동조해주지 않았다고 나를 불러내어 따지듯이 울먹였던 순의 모습이 스친다. 지금은 보기 드문 장면이다.

　책을 계속 읽다 보니 본성도 바뀌는 것 같다고 순이 또 말을 이었다. 구체적으로 풀어보라고 제안했다. 살면서 화가 나서 행동으로까지 이어졌던 일이 많았단다. 지금은 똑같은 상황인데 '이렇게 되었구나'만 할 뿐 행동으로 나타나지 않고 사라진단다. 내가 말을 건넸다. 본성이 바뀌었다고 하는 것은 전에는 화가 났는데 똑같은 상황에서 지금은 화가 나지 않아야 한다. 화가 나서 행동으로 정서를 표출했는데 지금은 화가 나지만 행동하지 않는 것은 본성이 변했다고 볼 수 있는가. 그건 사유의 세계가 확장되고 자기 성찰이 깊어졌다는 것 아닐까 반문했다. 그럴 수 있다고 고개 끄덕였다. 읽은 내용을 기억하기보다 책 전체의 맥락을 경험하며 자기도 모르는 사이에 지평이 넓어져가고 있다며 웃음이 번졌다.

　와인이 병을 떠나 몸으로 옮겨온다. 그 깊이만큼 우리는 향연에 버둥거린다. 이제 사랑이다. 가까이에 늘 있는 것이 사랑이라 여긴다. 정작 말로 표현하려니 쉽게 입이 열리지 않는다.

　나는 오래전, 철학 개론 첫 시간 스케치에 들어갔다. 담당 교수가 '사랑이란 ○끼고 ○하는 것'이라고 칠판에 쓰고 강의를 시작했다. 아끼고 위하는 것이 철학적 개념의 포괄적 사랑이라 할 수 있을까. 두 친구는 동의하지 않는다는 눈으로 내 의식을 낚아챈다. 다시 어느 노교수님의 강의 내용을 갖고 왔다. 육체적 사랑이 전제되지 않는 것은 진정한 사랑이라고 할 수 없다. 둘 다 펄쩍 뛴다.

　사람을 보고 큐피드 화살이 꽂히는 그런 경험을 해본 적이 있느냐고 물었다. 난 그런 기억이 가뭇하다. 나에게 내려진 증세는 사랑 장애란다. 이 일을 어쩌나. 갑자기 난감했지만, 인정하지 않았다. 그리움에 잠 못 이뤄본 일이 희미하다. 누군가를 생각하며 밤을 새워보지 못했다. 한 사람의 마음속에 내가 전적으로 자리 잡고 있다고 느낀 적도 없다. 나는 정말 사랑 장애인가. 그렇지만 마음과 생각이 통하여 얘기를 나누면서 수없이 밤을 밝혔다. 울고 웃고 충만하여 정화되고 행복했던 적이 많다. 사람 구분 없이 진솔하고 깊이 있게 대화하고 교감하는 것을 나만큼 좋아하기도 힘들다고 항변했다.

정말 달랐다. 순은 누군가에게 사랑받고 있다는 느낌 때문에 행복하고 잠 못 이루었다고 한다. 생각만 해도 그리워서 잠을 잘 수 없어 밤을 새웠단다. 자기를 쳐다보는 눈길이 너무 깊고 맑은 호수 같아서 심장이 멈출 것같이 압도당한 일도 있었다고 한다. 그러면서도 그게 사랑인가 푸념이다. 사랑이란 열병에 몸살 앓았으리라. 두 친구의 깊은 삶의 우물이 나에게도 흐르고 있음에 고마웠다. 와인 잔을 다시 채운다.

육체적인 사랑이 얼마나 오래갈까. 잠시 일어나 욕정이지 그건 사랑이라 할 수 없다고 림은 재차 피력한다. 이어서 순이 나섰다. 만약에 무인도에 남편이 표류하였다면 어떻게 해서라도 구출하러 갈 것이다. 그런데 내가 표류했다면 남편은 나를 구출하러 오지 않을 것이라고 쓸쓸한 표정이다. 사랑의 준거가 객관과 주관에 전적이지 않다. 부부가 그간 어떻게 살아왔는지는 오롯이 그들만의 역사이므로 반박의 여지가 없었다. 얼얼한 술기운에 엄지 척 높이 올려 응답했다.

림은 사랑과 배려는 차이가 있는지 의문을 던졌다. 순이가 배려도 사랑하는 감정에 속한다고 말한다. 나도 함께 나섰다. 사람은 자기중심적이다. 자기보다 타인을 더 소중하게 생각하는 것이 사랑 아닐까, 이타심도 차원 높은 사랑이지 않겠냐고. 내가 잠깐 낮잠이 들면 블라인드를 내려서 빛을 차단하고 문을 닫아준다. 잠자고 있을 때는 깨우지 않으려고 쪽문을 넘는다. 조용히 방에서 볼일을 보고 나가는 남편의 행동은 배려인가 사랑인가.

결국, 책으로 돌아왔다. 향연이다. 소크라테스의 대화 장면을 제자 플라톤이 기록한 책이다. 오래전에 읽었던 그 책 속에는 시원한 답이 있나 반추했다. 그는 '사랑이란 좋은 것을 자기 자신 속에 영원히 간직하려는 행위 그 자체를 대상으로 삼는 것이다.'라고 말하며 책 한 권을 풀어냈다. 대상이 무엇이든 그것을 향하여 스스로 행하는 것을 소중히 여겼다. 타인 때문이 아니라 나의 상태가 주가 됨을 피력했다. 간직하려는 의지는 대상을 원인으로 하지만 그것에 꽂히는 주체는 '나'였다. 그러면 행복하겠다. 어떤 대상을 사랑하는 상태가 행복임을 마음 저미게 느꼈다. 나만이 아니었다.

셋은 삶과 사랑 담론에 시간을 녹였다. 걱정과 시름 들어올 틈이 없었다. 새벽까지 이어진 우리의 향연은 나름의 결론을 안고 막을 내렸다. 책을 읽고 글을 쓰는 행위를 간직하고 싶다. 지금 함께하는 사람과 지금 하는 일이다. 이 순간이 내 사랑의 대상이며 간직하려는 행위임을 인식한다. 진정한 향연을 즐겼다.

돌아오는 빗길에 다시 선다. 우산을 타고 장대비가 뚝뚝 흘러내린다. 내 사유의 빗줄기다. 다음 향연이 낯을 든다.

물 탄 소주

　오랜만에 형제자매가 얼굴을 마주하는 추석날 오후다. 몇 차례의 수술과 오랜 치료로 사선을 넘나들다 건강을 회복하고 있는 큰오빠네 집이다.

　다정했던 어린 시절의 눈길로 서로의 안부를 주고받는다. 걸음걸이가 반듯한 것도, 얼굴 모양이 변하지 않은 것도 반가움이 되지만, 세월의 무게는 어쩔 수 없기도 하다. 마스크 알레르기로 푸석해진 내가 당장에 형제자매의 관심 대상이 된다. 큰언니는 삐콤정을 먹어야 한다고 말하고, 작은언니는 오메가3를 먹는지 묻고, 큰오빠는 마스크 두 통을 건네주며 아끼지 말고 매일 바꿔 쓰라 한다.

　다른 사람들이 내 얼굴에 관심을 가지는 것은 싫지만 언니 오빠들 앞에선 세 살 버릇이 순식간에 살아난다. 며칠 약을 먹어도 좋아지지 않아 스트레스받는다. 가렵고 따끔거려서 잠도 잘못 잔다. 마스크가 무서워서 운동도 못 나간다. 생각나는 넋두리를 한바탕 쏟아내고 나니 약 먹은 듯 몸도 마음도 개운하다.

　저녁 식탁에 둘러앉는다. 어릴 적 대청마루 두레상에 둘러앉아서 밥을 먹던 시절만큼이나 정겹다. 아직도 식단을 철저히 조절해야 하는 회복기 환자인 오빠의 메뉴는 두부와 김치, 황탯국, 문어 숙회로 단순하다. 두어 순가락 먹고 있는데 큰오빠가 슬그머니 주방 쪽으로 갔다가 돌아오기를 반복한다. 다른 형제들은 식사하느라 그 움직임을 알지 못한다. 마주 앉은 내 눈에는 오빠의 모습이 선하게 들어온다. 필요한 것은 가져다 달라 말하면 될 텐데 몸이 불편하면서 왔다 갔다 하는 모습이 의뭉스럽다.

언니가 알아차리기 전에 소주병을 얼른 따더니 물잔에 조금 부은 뒤 정수기에서 냉수를 받아 잔을 채우는 모습이다. 오빠는 건강을 위해 담배와 술도 끊었고, 운전도 끊고 오랫동안 해오던 여러 가지 생활을 절제하고 집에서만 지낸다. 오빠가 물에 소주 한 모금 탄 것을 아는 척해야 하나 말려야 하나, 눈시울이 젖어온다.

차라리 소주 살 돈이 없어서 아껴 먹는 것이라면 나았을까. 식탁으로 다시 돌아와 물 탄 소주를 마시면서 맛있다며 아주 행복해하는 오빠의 모습이라니.

트로이 전쟁 이야기에는 희석용 동이가 자주 등장한다. 똑같이 생명을 담보로 한 전쟁터에서 포도주를 물에 타서 전사들이 나누어 마시고 부족함이 없었다고 노래한다. 포도주 양이 부족하면 한 모금씩 나누어 마시면 될 텐데 왜 물을 타서 한 잔씩 나누어주었는가 말이다. 아무리 생각해도 이건 사람 차별이 아닌가 싶다. 물을 탄 포도주가 무슨 맛이 있을 거라고 그걸 먹게 한다는 말인가.

희석용 동이에 물 탄 포도주, 이해할 수 없었던 나의 의문이 단번에 확 뚫린다. 희석된 포도주가 뭐 맛이 있을까 싶었는데, 물을 탄 소주를 마시며 저렇게 행복해하는 오빠를 보니 전장에서의 군인들도 물을 탄 한 잔의 포도주로 갈증 해소는 물론이고 피로와 괴로움을 잊고 다시 싸울 힘을 얻었겠구나!

식사를 마치고 오빠가 근황 이야기를 시작했다. 물 탄 소주 한 모금의 힘이었을까. 손의 마비로 잡는 것마다 떨어뜨리고 말하는 것도 약간은 정상이 아닌 듯 보였던 증세가 말끔히 사라졌다. 푸념과 실망으로 가득했던 한탄 조의 말도 없었다. 언제 병원을 가야 하고, 예방접종을 하는 날인지, 제자들을 어떻게 지도해야 하고 그동안 어떻게 지도해왔는지…. 이런저런 이야기를 조리 있게 풀어놓았다. 처음에는 몰랐는데 오빠가 그동안 아주 좋아진 것 같다고 모두가 입을 모았다.

오빠의 지금 모습이 비록 물을 탄 소주의 힘을 빌렸다고 해도 건강이 좋아진 것은 맞다. 나는 소주에 물 타는 오빠의 모습을 또 본다 해도 모르는 척할 생각이다. 우리의 만남을 이어갈 수 있는 명약이니까.

감동을 적다

　내 서가에 두툼한 책 한 권이 새롭게 입주한다. 삼 년여 긴 산고 끝에 탄생한 사전이다. 이제 막 태어났다고 그를 한 살로 여기면 곤란하다. 출생 나이만 그렇지 내면은 이미 일흔의 어른이다. 만만치 않은 나이배기로 부산 문단의 칠십여 년 역사를 꿰고 있기 때문이다. 천삼백여 세대가 빼곡하게 들어앉아 저마다 삶의 순간들을 보듬는다. 며칠 안에 모든 이의 삶을 다 살펴보는 것은 감불생심이다.

　나는 청잣빛 두툼한 사전에 친숙하다. 친정아버지가 애지중지하던 두꺼운 책도 청잣빛이었다. 입춘이면 오빠들과 둘러앉아 우리 시조 할아버지를 시작으로, 아래로 내려오는 세대를 짚어가며 따라 읽었다. 차근차근 읽다 어떤 페이지에 닿으면 아버지는 도장을 정성스레 눌러 찍었다. 그곳에는 큰오빠부터 막냇동생까지 이름이 차례대로 쓰여 있었다. 내 이름도 달렸다는 사실만으로 내가 괜찮은 사람이구나 싶었다.

　본가 족보 옆에 초록 표지의 두툼한 책이 있다. 몇 차례나 어려운 고비를 겪으며 찾게 된 시가집 족보다. 남편이 결혼을 앞두고 친정아버지를 처음 만나러 왔다. 시조가 누구인지 몇 대손인지 묻는 아버지의 물음에 제대로 대답하지 못하고 눈만 끔벅였다. 그가 돌아간 뒤 아버지는 상놈 때도 벗지 못한 도시 놈이라며 못내 아쉬움을 토로하셨다.

결혼하고 난 뒤 친정아버지는 제일 먼저 남편을 불러 족보 찾기 대장정에 발을 들여놓았다. 작은오빠와 함께 구순인 시고모님을 찾아가 여태껏 살아온 내력을 채록해 오라고 하셨다. 나이 드신 집안 어른들을 찾아다니며 퍼즐 조각 맞추듯 하여 종가와 연락이 닿았다. 마침내 먼 거리의 종가를 방문하여 족보를 찾았다.

친정아버지의 완고한 족보 찾기 요청에 시아버님은 달나라 가는 요즘 세상에 족보가 왜 필요하냐며 나에게 불편한 속내를 보인 적도 여러 번이었다. 고향 방문을 거듭해 뿌리를 찾고 난 뒤였다. 두 손자의 이름이 기재된 족보를 손에 쥐고 돌아오신 아버님은 큰일을 해내신 듯 의기양양했다. 이제 내가 너희를 위해 해줄 수 있는 일은 다 했다며 족보 두 권을 앞에 두고 환하게 웃으시던 모습이 그립다.

오늘 남색 양장본 대사전을 받았다. 두툼하기가 예사롭지 않다. 두 해 전부터 부산문인협회 사무국은 문인 대사전을 만들겠다며 '사진 보내십시오.', '작품 내십시오.'라고 안내하였다. 천삼백여 명 회원의 얼굴은 물론이고 개개인의 문학을 향한 혼을 모두 담으려면 제대로 될까 싶어 대수롭지 않게 여겼다.

그런 나의 선입견을 물리치고 멋들어진 부산 문인 대사전이 내 손에 들어왔다. 한글을 깨친 사람이라면 어려움 없이 읽을 수 있도록 알맞은 글씨 크기는 물론이고 눈에 익은 서체가 한눈에 들어온다. 간단명료하게 기록된 작가 한 사람씩 세상으로 불러내기에 그만이다. 훗날 내가 세상에 남기는 마지막 글에 기록할 문구도 하나 늘었다.

발간을 위한 기부 명단도 없다. 오직 회원의 약력과 작품만으로 꾸민 편집이 담백하다. 수고한 각 분과 편집위원의 편집후기도 생략한 결단을 엿본다. 표지를 열면 바로 목차가 눈에 들어오고 마지막 페이지에 부산광역시에서 발행 기금 일부를 지원받았다는 문구도 보인다. 운영진, 임원진과 편집위원들이 함께 만든 지성의 결정체로 빚어진 대장정의 소산물임에 의심의 여지가 없다.

첫 페이지부터 마지막까지 약력과 작품만으로 채워진, 말 그대로 문학인의 족보다. 내 집은 어디쯤 있을까. 손가락으로 짚어가다 존경했던 고등학교 은사님을 만났다. 두근거리는 마음으로 찾아가던 손길을 멈추었다. 꿈 많던 여고 시절, 책을 읽고 글을 가까이할 수 있게 이끌어주시며 모두의 멘토였던 교장 선생님을 여기서 뵙게 될 줄이야.

교장 선생님은 공부하라는 말 대신 책을 읽으라 하셨다. 학교 꼭대기 층에 넓은 도서관을 꾸미고 전교생 책 빌려 읽기 활동을 대대적으로 펼치는 것을 자랑으로 삼으셨다. 반납 날짜를 어기면 한 달간 대출 금지라는 벌칙도 있었다. 학과 시간 중간 틈을 내어 책을 빌리기 위한 학생들이 일 층에서부터 꼬리에 꼬리를 물었다. 지금까지 이어진 나의 책 읽는 습관은 여고 시절에 다져진 독서 근육 덕분이다.

학생과 선생님들은 교장 선생님을 하늘같이 존경하고 따랐다. 트렌치코트에 공공칠가방을 들고 칸트 시계처럼 출퇴근하셨다. 학교를 돌아보며 크고 작은 일을 챙기고 공적 사적 업무를 철저히 구분하는 분으로도 소문이 났다.

　전교생이 햇볕 내리쬐는 운동장에 앉아서 김태길, 김형석, 안병욱 삼대 철학자의 강연을 들었다. '뭐니뭐니 해도 머니가 최고'라며 운동장을 웃음바다로 만들었던 안병욱 교수의 수필 강의가 끝나자, 앙코르 박수가 끊이지 않았다.

　이렇듯 문단의 오랜 선배와 작고 문인의 작품까지 조명하여 신구 세대를 아우르는 부산 문인 대사전은 이제 나의 또 다른 족보다. 친정과 시댁의 족보 옆에 세 번째 족보를 세우며 내 혼과 정신의 주춧돌 하나를 세운 듯하다. 멀게 느껴졌던 내 문학 둘레가 큰 집의 안마당처럼 느껴진다. 혼자가 아니고 문인 선후배와 함께라서 벌써 든든하고 뿌듯하다.

　땅속 깊은 곳에서 캐내는 세계 최고 품질인 우리나라 백옥에도 티가 있다고 들었다. 옥 전문가는 그 티가 오히려 진품임을 보증하는 영광의 표식이라고 한다. 대작인 사전 속에도 진품이라는 표식이 있을 테다. 지난하고 복잡한 시간을 녹여 자태를 드러낸 부산 문인 대사전이 영광스러운 진품으로 거듭날 수 있기를.

　나의 글 밭에도 단단한 뿌리가 내리는 새로운 시작점이 될 것이다. 사전 속 교장 선생님이 자상한 얼굴로 나를 향해 뚜벅뚜벅 걸어오신다.

잉카 비스킷

　노인과 해후다. 철길 옆 작은 바위에 푸른 비닐봉지를 깔고 걸터앉아 자연과 벗 삼은 노인. 해님이 우르밤바 산 정상에 그리는 노을만큼 물들었다. 잉카 열차가 지나는 오얀타이탐보 이웃 마을에서 오랫동안 익혀온 삶이다. 잃어버린 윗니가 남긴 자국이 오광대 합죽이 얼굴이다.

　나는 노인과 십 분 남짓 마주했다. 다시 만날 기약 없어 마음이 짠했다. 무릎 높이쯤 되는 모자 모양 바위가 특석인 양 온유한 미소가 번진 주름살에 세월의 흔적이 깊었다. 우리는 서로 바라보며 말 없는 대화를 나누었다.

　노인의 마을은 열 가구쯤 되는 오지다. 현지 가이드 일당이 우리 돈 천 원 정도라니, 하루하루 생활이 어떨지 짐작된다. 페루라는 나라 전체가 해발 삼천 미터 고지라, 가게나 시장은 백 리 길 너머다. 말 그대로 자급자족인 고대 잉카 전통 생활 터전이다. 주로 먹는 음식이 삶은 감자 추노인데 과자나 간식은 생각도 못 할 처지다.

　나는 그제도 기차를 타고 노인의 마을을 지나갔다. 마추픽추를 오르기 위한 유일한 교통편인 잉카트레일 길목이었다. 4세기 동안이나 기억 속에서 사라졌던 마추픽추는 백여 년 전에 알려졌다.

2부 · 다 잊었다　　83

지금은 잉카 문명을 대표하는 마추픽추와 잉카 브리지를 순례하고 와이나픽추 트레킹으로 주목받는 남미 여행 필수 코스가 되었다. 테이블 양편으로 두 사람씩 마주 앉아 이야기를 나누며 한 시간 반을 달리는 열차 승객은 모두 외국 여행자였다.

오늘은 여행 팔 일째다. 각자의 건강 상태와 희망에 따라 두 팀으로 나누어 출발한다. 나는 마추픽추 석조건축물 미로를 돌아 잉카 브리지와 와이나픽추까지 종일 걷고 돌아오는 팀이다. 점심은 빵 조각 사이에 채소, 치즈, 소시지를 넣은 샌드위치 도시락을 준다. 원주민들에겐 꿈에 그리는 식사라지만, 고도와 싸우며 걸어 온 터라 빵은 딱딱하고 소시지는 짜서 까칠한 입안에 겉돌아 넘어가지 않는다.

경적이 울린다. 이틀간의 마추픽추 여정을 마치고 그제 탔던 잉카트레일 하행선을 탄다. 붉은 제복을 입은 남녀 승무원이 다가온다. 마테잎과 코카잎 차 중에 무엇을 마시겠냐고 정중하게 묻는다. 고산증 예방을 위하여 원하는 잎을 넣어 뜨겁게 우려낸 차를 내온다. 곧이어 퀴노아 초콜릿과 비스킷이 담긴 작은 선물 상자도 빈다. 점심을 제대로 먹지 못한 나는 반갑게 챙긴다.

강 급류 위로 우거져 내린 남미 원시림을 가르며 달리는 열차 속에서 '철새는 날아가고' 팬플루트 연주가 이어진다. 애잔한 리듬과 노랫말이 흑갈색 고목 가지와 흙탕물 급류표면을 휘돌며 가슴을 헤집는다. 내 심연에 꿈틀거리는 보헤미안 감성과 어우러져 점점 분위기에 빠져든다. 초콜릿과 비스킷을 즐기며 힘을 얻은 일행은 카메라 셔터 누르기에 한창이다.

옆에 앉는 남편은 눈 깜짝할 사이에 비스킷과 초콜릿 봉지를 비운다. 자주 그러듯이 슬금슬금 내 비스킷 봉지를 곁눈질한다. 몸무게로 따져봐도 절반 정도는 더 먹어야 한다며 내 것을 넘볼 때가 많다. 나도 번번이 넘어간다. 오늘은 아니다. 내 것을 지켜야 한다. 점심을 제대로 먹지 못했을 뿐 아니라, 남편보다 세 시간을 더 걷는 난코스를 완주한 뒤라 에너지 보충을 위한 비스킷이 밥만큼 요긴하다. 일찌감치 내 의사를 밝혀야지. 보란 듯이 비스킷 봉지를 점퍼 주머니에 넣었다. 트레킹 열기를 식히고 종아리를 잠시 마사지한 후에 음미하며 즐길 작정이다.

열차는 계속 달렸다. 한 시간 가까이 달렸는데 반대편 열차는 보이지 않았다. 외줄 노선이어서 올라가는 철길은 따로 있겠지 싶었다. 어질어질하던 머리가 맑아지고 무거웠던 다리도 좀 가벼워지니까 배가 고팠다. 꼬르륵거리는 배 신호에 감췄던 비스킷 봉지를 꺼내는데 끼익 열차가 멈췄다.

왜 멈출까. 얼굴을 드는 순간 건너편에 앉은 노인과 얼굴을 마주쳤다. 노인이 우리 객실을 바라보며 오른손을 귓가에 걸고 익숙한 노병처럼 경례를 붙였다. 배고파서 손에 쥐고 있던 비스킷을 전하고 싶은 마음이 번개같이 일었다. 벌써 "똑 똑 똑똑똑" 누군가가 빠른 걸음으로 객실 문간으로 갔다. 노인을 큰 소리로 "올라!" 부르며 녹슨 레일 위에 비스킷 두 봉지를 던졌다. 소리를 듣고 이쪽을 쳐다봤다. 노인이 굽은 허리를 펴고 쓰러질 듯 철길을 헤엄쳤다. 눈길이 쏟아졌다. 겨우 봉지를 쥐고 아슬아슬하게 되돌아가 앉았다.

노인은 자리로 돌아가 앉자마자 비스킷 한 조각을 입에 넣고 오물거린다. 비스킷 한쪽을 손에 든 채 객실을 향해 손까지 흔든다. 세상을 얻은 듯한 미소가 오광대 합죽이 주름에 고인다. 내 뒷자리에 앉은 서울 원 사모님이 일어선다. 어쩜 그리 내 마음을 읽었을까 싶은 전율에 소름이 돋는다. 내 봉지도 순식간에 쥐여준다.

그때다. 철길 위로 경적이 길게 울린다. 원 사모님은 문간을 향해 뛰었고, 다른 일행도 던지듯이 보탠 비스킷이 여섯 봉지다. 목청껏 "오올라!" 외친다. 비스킷 던져진 철길 위로 반대편 기차가 휙 지나간다. 손에 땀이 밴다. 이내 우리 열차도 미끄러진다. '노인이 보았을까. 비스킷이 무사할까.' 가슴이 뛴다. 원 사모님은 아직 돌아오지 않는다.

내 좌석은 역방향이다. 몸을 비틀어 기린 목을 빼고 돌아본다. 지나온 철길이 차창에 비친다. 멀어지는 차창 영상에 노인이 아른거린다. '손에 닿았겠지!' 숨을 고르는데 누가 내 손을 살며시 잡는다. 오올라! 부를 때 바람을 타고 "Be careful" 하는 할아버지 소리를 들었단다. 다행이다. 그와 나는 약속이라도 한 듯이 한목소리로 웃는다.

마음은 전염되는가 보다. 같은 마음일 때 더 빠르고 강하다. 카메라를 들고 여행 담기에 바빴던 우리 일행은 비스킷으로 한마음이 되었다. 이 시각, 이 장소에서 잉카트레일 상행선과 하행선이 비껴가는 바람에 노인을 만났다. 하필이면 우리 객실이 노인이 앉은 자리에 딱 멈춘 우연에 감사했다. 나는 맛있는 점심 한 끼를 배불리 먹은 듯 몸도 마음도 가뿐했다. 내일도 또 내일도 노인의 마을에서 열차가 멈추면 여행자는 또 할아버지와 해후하고, 비스킷이 철길에 떨어졌으면.

잉카인은 태양을 숭배한다. 온 가족이 둘러앉은 노인의 방을 그려본다. 둥근 비스킷이 노인의 남아 있는 날에 안데스를 물들이는 노을처럼 아름답고 평화로운 태양일 테다. 인적 없는 마추픽추를 온전히 돌아내려 온 여정이 온몸 가득하고 저녁은 꿀맛이다.

밤이 깊어지는데, 마음은 초롱초롱하고 우르밤바 강물 노래만 정정하다. 노인의 마을에서 흘러온다. 지구 그림자 가려진 초승달 위로 노인이 숭배하는 잉카의 태양이 꿈을 꾼다. 바로 내 꿈이다.

안테암블로

눈을 뜨며 하루를 도스른다. 오늘은 내일을 이끌어가는 힘이자 출발점이다. 오롯이 내 몫인 하루를 엮어가려면 어떻게 하루를 맞이할까. 작가 마르티알리스가 안내한 안테암블로가 생각을 타고 들어온다. 다른 사람들이 하는 일을 잘할 수 있도록 이끌어 주는 길라잡이가 되라는 말이다. 앞장서서 도와주고 배려하고 편안한 분위기를 만들어 성장할 수 있는 캔버스가 되자고 권유한다.

아무도 하고 싶어 하지 않은 일도 먼저 나서보라 한다. 생각이 뛰어난 사람과 장래가 유망한 사람을 한자리에서 만나게 하는 일도 중요하다. 자기 아이디어를 기꺼이 나누는 사람도 안테암블로다. 무슨 일이라도 함께할 준비가 되어 있는 사람이다.

이 년 동안 동아리 일지를 썼다. 처음 시작하는 일은 시간이 걸리고 얼개를 짜는 부담도 크다. 일지 쓰기도 처음엔 그랬는데 점점 익숙해진다. 세상에서 유일한 나, 오늘도 나를 죽도록 응원한다는 문구가 나를 사로잡는다. 뼛속까지 내려가서 쓰라고도 한다. 일지를 쓰면서 내 안테암블로 여정을 찾아 나선다.

첫 담임을 맡은 교실에서 만난 동숙이 떠오른다. 보자기를 반으로 접어 검정 고무줄 끼운 반바지가 실밥이 미어터져 너덜거리고 머리에서는 쉰내가 물씬하다. 아무도 짝지 하지 않겠다고 고개를 젓는다. 정말 난감하다. 어쩔 수 없이 동숙이를 내 코앞 자리에 혼자 앉힌다. 오늘부터 동숙이 짝지는 나라고 선포하자 아이들은 모두 놀라서 의아한 눈으로 나와 동숙이를 번갈아 본다. 제일 놀란 사람이 동숙이라는 것은 두 말이 필요 없다.

일과를 끝내고 모두 집에 돌아간다. 동숙이만 살짝 남긴다. 고무줄 삐져나온 것 내가 기워주려 하자, 나도 기울 줄 안다고 사양한다. 나와 동숙이의 첫 대화는 이렇게 시작이다. 다음 날 동숙이 반바지는 바늘땀이 들쭉날쭉했지만, 모양이 살아난다. 세수도 했는지 모습이 달라 보인다. 늦잠 자고 둘째 시간이 지난 후에 오기도 하고 결석도 가끔 했지만, 매일 동숙이 손을 잡고 체육과 음악 시간에 나와 짝 활동을 한다.

분위기가 조금씩 바뀐다. 쉬는 시간에 아이들이 동숙이 자리를 힐끔힐끔하더니 한두 명이 말도 건다. 내가 아까 동숙이한테 뭐라 말했는지 알고 싶어서 안달이다. 입 꾹 닫고 한마디도 못 하던 동숙이가 두어 달 지나니 아이들에게 대답도 하고 고무줄뛰기에 끼이기도 한다. 친구들은 동숙이가 고무줄뛰기와 달리기를 잘한다며 놀라고 신기해한다. 쉰내 나고 꾀죄죄한 얼굴에 반쯤 흘러내리는 보자기 바지를 입고 다니는 동숙이가 아무것도 할 줄 아는 것이 없다고 몽땅 무시하고 싶었던 아이들의 눈빛이 달라진다.

날씨가 더워지면서 또 한바탕 난리다. 동숙이 머리에서 냄새가 난다고 여기저기서 투정이다. 한여름이 되기 전에 머리 감기를 시도했다. 어떤 환경에서 사는지, 가족이 어떻게 되는지도 모르는데 무작정 감고 오라고 말할 수 없었다. 두 번째 마주 앉았다. 수돗가에 가서 머리를 감자며 달랬다. 동숙이는 또 혼자 할 수 있다고 했다. 비누 한 장을 쥐어주었는데 다음 날 결석했다. 집을 아는 친구가 아무도 없었다. 집마다 전화가 있을 때도 아니다. 걱정도 되고 애태웠는데 고맙게도 삼 일째에 동숙이가 머리를 감고 왔다. 쉬는 시간에 내가 묶어주었다.

친구들과 같이 내 심부름도 하고, 애기도 나누며 얼굴에 생기가 돈다. 이 학기가 지난 다음 해에 동숙이는 오 학년이 되고 나는 일 학년 담임이다. 수업이 끝나면 내 교실 옆을 빙글빙글 돈다. 그때마다 불러들여 환경 꾸미기 작품을 가위질하여 풀칠하면서 할머니 애기를 한다. 숙제를 시키고 구구단도 같이 외운다. 그림이 많은 동화책도 제법 읽는다.

여름 방학식을 하고 시골집 버스 시간에 맞추어 퇴근하려는데 동숙이가 나를 부른다. 머리통만 한 수박을 이고 온다. 오다가 넘어졌는지 반쯤 입이 벌어진 사이로 수박 물이 뚝뚝 흐른다. 오 학년 담임도 옆에 서 있다. 모두가 선배인 틈에서 나는 수박 물이 옷에 묻을까도 싫고, 오 학년 담임인 선배 눈치도 보여서 어떻게 해야 하나 당황했다. 무슨 말을 해서 아이를 돌려보냈는지 기억나지 않는다. 터진 수박을 들고, 흔들리는 버스에 올라 시골집에 왔다.

아버지가 무슨 수박이냐 물었다. 동숙이 이야기를 쭉 했다. 너는 이 수박을 받고 무엇을 주었냐고 하신다. 엉겁결에 받고 아이는 돌려세웠다는 말에 호된 교육을 받았다. 이 수박이 깨어졌든 남의 밭에서 주워 왔든 덜 익어서 먹을 수 없는 수박이든 그건 문제 되지 않는다고 하신다. 그 아이가 할 수 있는 모든 것을 너에게 선물했는데 넌 아무것도 하지 않았냐고 하신다. 그제야 정신이 들었다.

개학하고 동숙이를 만났다. 수박 선물 고마웠다는 인사와 그 무거운 것을 이고 오다가 넘어졌는데 다친 데는 없었냐고 늦게나마 물었다. 할매가 밭에서 일해주고 받았는데 갖다주라 캐서 이고 왔다며 꾸밈없이 웃었다. 나는 공책과 필통을 예쁘게 포장하고 쪽지편지를 써서 내 짝 동숙에게 전했다. 허리 꼬부라진 할머니와 사는 동숙이가 초등학교를 마치고 중학교 입학할 때까지 우리의 우정은 계속되었다. 지금도 잘살고 있을 거다.

친정아버지는 나에게 둘도 없는 안테암블로셨다. 무엇을 가르치려고 하기 전에 길라잡이가 되라 하셨다. 가르치는 학생들을 다그치고 회초리를 들기 전에 내가 잘 설명하고 따뜻한 눈길로 다정하게 말했는지 돌아보라고 거듭 말했다. 나는 그때 동숙이에게 안테암블로였을까. 동아리 일지 쓰기도 내가 할 수 있는 안테암블로였다. 문집에 한 장면 실어도 되겠다는 말에 더 힘이 났다. 누구나 할 수 있는 일을 보람 있게 하면서 내가 더 좋았다.

내가 이 시간에 글을 썼으면, 책을 읽었으면 하는 생각은 해보지 않았다. 친정아버지는 내가 어리석게 사는 구석이 있다는 말을 자주 했다. 그 어리석은 면이 너의 복이라며 자식의 부족한 면을 꿰뚫어 보시고 고칠 수 없는 본성을 격려해주셨다.

아버지의 안테암블로 혼을 사무치게 그리며 오늘도 함께 할 수 있는 일에 팔을 걷어 올린다.

스틱 드레스

가까이 살고 있어 약속 잡기 좋은 친구 셋이 자주 걷는다. 우리는 뚜벅이라는 이름으로 편한 시간에 만나 금정산의 숲과 바람길을 찾아 나선다. 오늘도 산등성이를 넘어 한나절을 걷고 버스에 오른다. 마침 빈자리가 있어 앉았는데 앞자리에 앉은 친구가 배낭을 뒤적인다. 자리 옆에 내려놓으면 편하다고 말해도 못 들은 척하더니 한참 만에 배낭에서 주머니 두 개를 꺼낸다. 옥이와 나에게 까맣고 길쭉한 주머니 하나씩을 불쑥 내민다.

"선물이다. 두 사람 주려고 만들었어."

뭔지 모르면서 덥석 받아쥐고 그저 감동할 뿐이다. 친구는 뚜벅이 걷기를 두 번이나 빠지고 서울에 다녀왔다. 두 손녀의 유치원과 초등학교 입학을 축하하고, 임신한 딸 내외도 만나러 갔다. 영이 없어도 옥이와 나는 늘 그랬듯 산과 들을 걸었다. 송정 옛 철길에서 땀을 훔치며 사진도 찍었다. 사진 한 장을 세 사람 대화방에 올렸더니 즉각 '부럽다!' 하는 영의 응답이 왔다.

딸이 두 딸의 엄마가 된다는 소식도 전한다. 얼굴만 보고 내려올 생각이었는데 마침 딸이 산부인과 정기검진 날이라 동행했다. 병원에 가서 방금 의사에게 태아의 성별을 듣게 되었단다. 우리 둘은 진심으로 축하해주었다.

　나보다 석 달 먼저 세상 빛을 본 동갑내기인 영은 생각과 여유의 깊이가 나와 다르다. 외동딸로 자랐으면서도 맏언니의 후덕한 성품이다. 복잡하거나 애매하고 모호한 상황이 되면 한마디 툭 던져 일의 매듭을 곧잘 짓는다. 재치 있는 말로 어색한 분위기를 밝게 만든다. 영과 옥이와 나, 셋이 함께이면 엉성하고 덤덤한 내 빈 구멍들이 자연스레 메꾸어져 마음이 꽉 찬다.

　산길 걸을 때 스틱은 필수다. 스틱을 짚으면 두 다리에 쏠리는 힘을 분산시켜 무릎 보호에 도움 된다. 영은 작년부터 손수 만들어 참한 스틱 주머니를 갖고 다닌다. 배달받은 상품의 포장 주머니를 재단해 손바느질했는데, 믿기지 않을 정도로 바늘땀이 곱고 일정해 재봉틀 박음질 같다. 모양이 반듯할 뿐 아니라 접촉 패드까지 붙여 스틱과 세트 상품인 줄 안다. 골프, 배구, 탁구, 배드민턴까지 운동 만능으로 역동적인 그가 섬세한 바느질까지 잘한다는 사실이 놀랍다. 도대체 그가 못하는 것은 뭘까.

　내 스틱은 이제 열한 살이다. 백두산 여행 때 마련했다. 처음 주머니는 손잡이 둘레가 닳아 너덜거려 버렸다. 이걸 어쩌나. 넣을 때마다 뾰족한 스틱 끝에 배낭이 걸리면 손끝이 아프고 마음도 쓰였다. 스스로 만들겠다는 생각은 꿈에도 하지 못했다. 그런 나를 보다 못했는지 친구가 스틱 주머니를 만들어주니 무람했다. 왜 나는 깁거나 만들 생각을 못 했을까.

　선물 받은 주머니에 스틱을 넣어본다. 자로 잰 듯 길이와 너비가 맞다. 누구도 이런 선물을 받을 거라곤 상상도 못 할 것이다. 뒷자리에 앉은 옥이도 나만큼 감동한 얼굴이다. 옥이의 스틱이 내 것보다 한 뼘 더 길다는 걸 영은 어떻게 알았을까. 한 뼘 더 긴 스틱도 딱 맞는 옷을 입었다. 옥이가 바로 단톡에 글을 올렸다.

"죽인다… 내 스틱 드레스! 감사합니다."

"자기들 생각하며 한 땀 한 땀 바느질했다오."

두 친구의 톡 티키타카가 정답다.

옥이는 주머니를 받자마자 '스틱 드레스'라고 감탄하는데 나는 스틱 싸개, 스틱 주머니… 이름을 생각하느라고 고민했다. 영이 제작하고 옥이가 작명한 스틱 드레스는 이제 우리 셋의 특화된 명품 스틱 드레스다.

오랜만에 먼 산행 날이다. 버스는 지리산 활공장에서 멈춘다. 우리는 미륵선원을 향해 걷는다. 얼마나 높이 올라왔는지 귀가 먹먹하다. 겹겹이 둘러싸인 산등성이 나목은 가지 끝마다 새 생명의 잉태를 알린다. 하늘에는 벌써 행글라이더 활공이 시작된다. 춘분인 오늘, 우리는 눈雪을 밟으며 지리산 둘레길을 걷는다. '이건 이래야 하고 저건 저래야 한다'라는 잣대는 아무런 의미가 없다. 길을 나서지 않고 집에 있었다면 삼월 하순에 눈길을 밟을 수 있겠는가. 눈 위에 찍힌 내 발자국 위로 산새가 노래하며 날고 바람이 코러스 넣는다는 말을 감히 짐작이나 하겠는가.

세상은 있는 대로 존재하는 것이 아니라 보는 대로 존재한다는 사유의 광대함이 새롭다. 모든 욕심을 내려놓고 지금 여기 자연의 소리에 귀 기울이며 몸과 마음에 묻은 티를 날리고 순수한 나를 찾는 시간이다. 사람 소리는 거르고 자연의 소리에 집중하며 그냥 걷는다.

앞서 걷던 숲 해설 전문가가 일행을 불러 모은다. 나목 너울에 유독 누런 갈잎을 달고 있는 단풍나무를 가리키며, 왜 아직도 누런 잎이 매달려 있는지 묻는다. 갑작스러운 질문에 이런저런 말이 오간다. 무심히 지나면서 그저 '좋다, 좋다.' 한 발길에 생각 주머니를 단다. 단풍나무 갈잎은 새순을 보호하기 위하여 마지막 날을 미루고 미룬다. 바스러지기 직전까지 새순을 감싸며 꽃샘추위로부터 보호한다. '나 이제 세상에 나갈 준비 됐어요.' 새순이 신호를 보내면 그제야 떨어지며 바스러진다. 생의 가장 위대한 과업을 마치고 돌아간다. 자연의 섭리에 마음이 고요해진다. 아는 만큼 보이고 생각하는 만큼 깊어진다.

스틱 드레스의 제작자 영은 서울행 이야기를 이었다. 딸 내외가 사는 집에 친정엄마가 함께 있으면 불편할까 봐 하루만 있다가 오려 했다. 입덧이 심한 아내를 위해 며칠만 함께 있어달라는 사위의 청을 뿌리칠 수 없어 며칠을 눌러앉았다. 딸의 입덧을 가라앉혀보겠다는 욕심으로 장을 보고 음식을 만들었다. 첫날은 한 숟갈 겨우 넘기고 상을 밀어내더니 다음 날 한 끼를 먹어냈고, 닷새째는 입맛을 완전히 찾더란다. 내가 선물 받은 스틱 드레스를 바느질하듯, 딸을 위해 얼마나 정성을 쏟고 사랑을 담아 음식을 했을까.

몸을 회복한 딸이 쌍둥이 딸을 낳았다. 친정엄마인 영이 곁에서 일 년 동안 아이 둘을 키웠고, 얼마 전에 다시 서울로 돌아갔다. 영은 아름답고 후회 없는 삶을 한 땀 한 땀 수놓았다.

우리 셋은 또 길을 걷는다. 단풍나무 갈잎이 바스락거린다. 스틱 드레스 품에서 포근했던 스틱도 뚜벅뚜벅 힘을 낸다.

사다리

신비한 세상이 있을 것만 같았다. 구름사다리를 탄 선녀도 만날 줄 알았다. 잭의 콩나무 사다리 끝에서 본 하늘은 다시 높아졌고 구름사다리 속의 선녀가 빛 속으로 자취 없이 사라졌다. 아찔함을 느끼며 까마득한 내리막 사다리에 발을 내디뎠다. 온몸에 힘이 들어가고 걸음은 느려졌다. 내가 방금 지나쳐 왔던 그 계단이 비로소 눈에 비쳐온다. 사다리 계단이 생각의 창이 되었다.

오르기만 했던 사다리가 쓰러졌다. 수평 사다리가 되었다. 몸을 바짝 숙이고 주변을 살펴야 건널 수 있다. 코로나19가 칸마다 엮인 창을 향해 수천의 손들이 사래질하며 마음 세포를 뿜어냈다. 119 구급차가 길게 이어지고, 백의민족 얼굴들이 나이팅게일 꽃으로 피어났다. 드라이브 스루 세상 특허가 창안되고 바다 건너 우리 친구들도 불러 모아 보금자리도 되었다. 삐걱거림이 없지 않았으나 사다리 창을 하나씩 뒤로 하며 깨알 같은 흔적을 고이 적어가고 있다.

갈색 냄비에 밥그릇 국그릇을 수도 없이 끓였다. 마스크를 끼고 뱅글뱅글 많이도 돌았다. 쌓여만 가던 숫자들이 며칠째 내려앉았다. 개나리 진달래가 사뿐 걸음으로 다가오고 있겠지, 누구의 눈물, 누구의 아픔, 그들의 헌신적 사랑, 저들의 깊은 생각들이 절제와 지혜의 사다리로 탄탄해지고 있다. 이 땅에 두 발 딛고 있는 우리들의 사다리가 어제는 높이 솟아올랐고, 오늘은 마음 세포에 수평 사다리를 내뻗고 있다. 내일은 뒷동산에 올라 긴 호흡 하며 내 사다리 창에서 선명했던 기억을 바람과 속삭여야겠다.

흙탕물 처방

　세면대 배수구가 반쯤 막혔다. 한참 되었다. 뚫어뻥으로 온몸에 힘을 실어 얼굴이 붉어지도록 눌러서 겨우 손과 얼굴을 씻었다. 일부러 팔뚝 운동도 하는데 즐거운 맘으로 해보자, 미련 대며 많은 날이 흘렀다. 내가 펌프질을 해대면 남편이 나중에 수도관을 풀어서 뚫어놓을 거라며 그만하라 말렸다. 번번이 말만 하고 그대로였다. 샤워만 하면 물바다를 만드는 남편을 바깥 화장실로 내몰았으니 일부러 들어가보지 않으면 기억하지 못하는 게 당연했다.

　뚫기 전용 플라스틱 꼬챙이를 넣어서 끌어올려본다. 머리카락 몇 가닥과 작은 비누 조각을 떼어내면 공기 방울이 올라오며 조금 수월하게 내려가나 싶다가 다시 고인다. 기술자를 불러야지 하고 시간을 또 보냈다. 정작 씻을 때는 불편한데 화장실만 벗어나면 사소한 일이 되고 만다. 급하면 샤워기에 손이 먼저 가니 세면대는 외면당하기 일쑤다.

　고인 물을 피해가며 겨우 씻은 손수건을 목에 감고 산책을 나선다. 법기 수원지 치유 숲 둘레길 위에 선다. 2월의 비 온 뒷날이라 그늘지고 서릿발 팽팽한 산길을 걷다가 해 오른 동녘에 접어드니 진흙탕 길이 되어버린다. 낙엽 쌓인 쪽을 골라 밟았는데도 등산화

밑바닥에 흙 떡이 올라붙어 묵직하다. 걷다가 멈춰서 떨구어내고 또 걷다가 떨쳐내면서 너덜겅까지 버겁다. 편백 숲길에 들어서서야 두 발 가볍게 걸어 일정을 마치고 식당에 닿았다.

일행은 수돗가에 둘러선다. 주문한 음식이 나올 때까지 바지 끝자락에 붙어 있는 흙 자국 떨어내기에 바쁘다. 나는 바지에 흙 누룽지 떼어내는 것보다 새 등산화가 마음에 걸린다. 수도 호스에 연결된 물로 씻으면 추레해질 것 같다. 하필이면 처음 신은 등산화가 흙범벅이다. 집에 돌아가서 씻어봐야지. 새것이라 아끼고 조심스러워하는 살림꾼 마음이 발동한다. 길이 이럴 줄 알았으면 다른 등산화를 신고 왔을 텐데. 새 등산화 신는 소소한 행복을 좀 더 누리고 싶은 생각이 집에 올 때까지 가시지 않는다.

현관에 들어서자마자 등산화를 벗어 뒤집어보았다. 밑창 무늬 홈 사이에 흙이 빽빽이 끼었다. 이렇게까지 빈틈없이 꽉 박힌 줄은 몰랐다. 신고 나설 때의 산뜻하고 밝은색 느낌은 깡그리 사라졌다. 어디서 씻을까! 반쯤 막혀 있는 안방 화장실밖에 없다. 텔레비전을 보고 있는 남편과 얼른 눈인사만 나눈 후에 등산화를 안고 살금살금 들어왔다. 신문지에 등산화를 놓고 한 짝을 집었다. 청소용 칫솔을 들고 수도꼭지를 아주 약하게 틀었다. 물이 세면대를 넘쳐서 바닥까지 내려가면 감당이 안 될 텐데 빼곡히 끼인 흙을 씻겠다는 욕심이 앞섰다.

흐르는 물에 신발 밑바닥을 바싹 붙이고 살살 칫솔질한다. 고인 물이 내려갈 때까지 속도를 맞춰 나갈 작정으로 화장대 의자까지 옮겨놓고 큰 공사인 양 앉는다. 아침에 신고 나설 때의 새 등산화로 부활을 꿈꾸며 온몸을 집중한다. 앞꿈치 색깔이 조금씩 되살아나면서 시간이 얼마나 지났는지 모를 만큼 완전히 몰입이다.

검붉은 흙탕물이 세면대에 점점 차오르면서 고향 들판이 펼쳐졌다. 갈이를 막 끝낸 넓은 무논에 흙 주름살이 펼쳐지고 논둑에 앉은 백로와 두루미가 먹이를 쪼아 올리기에 바쁘다. 황소가 쓰레질 멍에를 지고 상일꾼 배 씨 아저씨와 이랴이랴 짝이 되어 한 바퀴 돌면, 흙 주름은 다림질한 치마처럼 물마루 평원을 이룬다. 넓은 논의 흙탕물은 해와 바람이 다독여 맑은 거울처럼 온 동네를 통째로 드리운 화폭이 된다. 해가 기울면 개구리 가족은 모두 모여 노래를 부른다. 우리는 내일을 꿈꾸며 단잠에 빠져들고, 흙탕물 화폭에 뿌려진 볍씨가 싹을 틔우고 황금 열매를 맺어 우리를 키우고 길러낸다.

초인종 소리에 고개를 들었다. 손등에 진흙 가루가 달라붙어 마사지한 것 같다. 일어서면서 고인 물을 휘휘 저으며 손을 씻었다. 순간, 세면대에 고여 있던 흙탕물이 휩쓸려 콸콸 내려갔다. 이럴 수가. 이런 일이 일어나다니. 뚫어뻥으로 힘껏 눌렀을 때도 쫄쫄 내려가던 물이 이렇게 확 뚫렸을까. 혹시나 하는 마음에 수도꼭지를 더 열고 다른 한쪽도 씻었다. 고이는 물 없이 세면대 바닥에 닿자마자 배수관으로 빨려들 듯 경쾌하게 흘렀다. 두 짝 다 씻고도 한참이나 콸콸 내려가는 모습을 보며 즐겼다. 이렇게 행복할 수가. 신발 밑창에 붙었던 흙이, 사소한 일이 나를 행복하게 하다니!

흙탕물일 뿐인데, 앓던 이가 빠진 듯 세면대가 뻥 뚫려 세상 걱정이 없다. 어쭙잖게 시작한 일이 두 마리 토끼를 잡다니. 하루를 보내면서 작은 일들을 대수롭지 않게 여기고 큰일에만 매달린다. 큰일의 밑천이 되는 것은 작은 일인데 눈앞에 보이는 것에 급급한 삶이 되어버린 것은 아닐까. 운동화 밑창의 흙탕물이 막혀 있던 세면대 관을 확 뚫어주듯이, 언제 어디에서 어떤 일이 확 뚫려 기회로 다가올지는 모를 일이다.

몇 시간 화장실 벽에 기대어 바짝 마른 등산화는 새 모습으로 돌아왔다. 약간의 흔적은 남겼지만, 한 번 산행 다녀온 기록을 고이 간직한 셈이다. 지금도 세면대 물은 시원하게 내려간다. 막혔던 배수관이 어떻게 뚫렸는지 알 수 없으나 흙탕물이 좋은 처방이 된 것은 분명하다.

나는 한 켤레를 오랫동안 신었다. 그 등산화가 언제부터인지 한쪽이 달랑거렸다. 함께 한 시간을 훈장 달아주듯 앞창이 손마디만큼 삐죽이 튀어나왔다. 천 리 길을 누비며 정들었던 등산화를 수선해서 신으려 했다. 몇 주를 더 신고 다니다가 산행 대장 눈에 띄고 말았다. 평소에 말이 적은 대장은 걸려 넘어지면 큰일난다며 당장 바꾸라고 충고했다. 하산 길에 바로 새 등산화를 사러 갔다. 남편이 카드 결제에 할인 쿠폰까지 준비해서 좋은 가격에 샀다고 자축하며 외식까지 했다. 남편은 무슨 말을 듣고 싶은지 나에게 새 등산화 신어보니 어떠냐고 몇 번이나 물었다. 편안하고 가벼워서 좋다고 짧게 답했다.

내 대답 속에 사연이 깃든 줄 모른다. 한참 뒤에나 얘기할 참이다. 세면대 물이 잘 내려가서 내가 행복한 걸 말하지 않고 아껴둔다. 남편이 등산화를 안방 화장실까지 들여와서 씻었다면 나는 어떻게 반응했을까. 내 이기적 행동이 예측되어 무안함이 크다. 항변할 말도 챙겨둔다. 흙은 만물의 고향이라 누구한테나 친숙하고 약이 된다고. 길섶의 흙탕물도 그냥 지나치지 않으련다. 보약 한 대접 마신 듯 가뿐하다.

3부

그날을 꿈꾼다

빼앗긴 일등
그날을 꿈꾼다
못
대물림
목소리
장이 배 밖에 나온 남자
안전벨트
안다미로 사랑
또 다른 꽃으로
다행이다
어린 왕자를 만나다

빼앗긴 일등

한겨울 회오리바람이 내 얼굴을 때린다. 마스크가 풍선처럼 부풀어 오르내리며 날숨을 앗아간다. 건널목 앞에 빼곡히 선 사람들이 초록불을 기다린다.

택시 한 대가 속력을 내다 급브레이크를 밟는다. 스무 대도 넘는 차가 줄줄이 부딪치기 직전에 섰다. 갑자기 멈춰 선 차들은 앞차가 왜 움직이지 않느냐고 클랙슨을 누른다. 무슨 난리라도 난 듯하다. 우리 모두를 깜짝 놀라게 한 것은 밟히고 찢겨 온몸에 상처투성이인 종이 상자이다.

한때는 너도 아끼는 것에 몸을 두르기도 하고 예쁜 꽃이 핀 화분을 담고 사랑하는 사람을 찾아가 안기기도 했지. 엄마가 아들딸 공부하는 자취방에 김치 통을 담아 택배로 보내며 맛있게 먹고 공부 열심히 하라는 기도도 담았다. 소중한 사람에게 건넬 선물을 간직하기도 했다. 지금은 너의 할 일을 다 마치고 아무도 거들떠보지 않고 한물가고 해진 종이 더미 신세가 되고 말았구나.

너, 종이 상자는 나 여기 있다고 자기 존재를 알렸다. 바람을 따라 길가에 굴러다니고 신나게 춤추며 시선 강탈에 안간힘을 빼고 있다. 누구 하나 가까이하지 않으려 물러났다. 몸에 닿을까 피하고 택시도 피해 가려고 급정거했다.

누군가가 따스한 손으로 잡아주기만 해도 편안해할 대상은 많다. 그렇다면 내가 나서볼까. 신호등이 바뀔 때까지 빈 상자의 춤사위를 좀 더 지켜보아야 한다. 내심 용기 내어보리라 다짐하며 한쪽 장갑을 벗어 주머니에 찔러 넣고 등에 업힌 가방끈을 조인다.

초록불이 되면 빠른 걸음으로 앞장서서 내 손으로 너를 잡을 테야.

앞사람을 비집고 들어선다. 달려오던 버스가 속력을 줄이고 노란불이 곧 초록불로 바뀐다. 나는 뛰다시피 춤추는 너에게로 향한다. 바로 그때, 한발 앞서 가던 단발머리 대학생이 너를 낚아챈다. 세상에! 나와 같은 생각을 한 누군가가 있었구나. 너를 빼앗기고 말았다. 모든 차가 피해 가려고 했던 너, 달리던 버스도 놀라고 길을 막던 그것은 바람에 부푼 종이 상자다.

바람의 응원을 받아 도로 위의 무법자처럼 누비던 너 몸이 축 늘어진다. 너를 잡으려 잔뜩 벼르던 나는 빈손이다. 잡지는 못했지만 아쉬움도 물론 없다. 너를 안아줄 사람이 내가 아니라 또 다른 젊은이가 있었다니. 얼굴 하얗고 단발머리를 한 대학생이 무거운 책가방을 메고도 맹렬한 춤사위를 벌인 종이 상자를 한 점 의심 없이 달래어 겨드랑이에 낀다. 아무도 눈길 주지 않고 피해만 갔던 바람 든 상자의 난무가 멈춘다. 길게 늘어서 복잡했던 차가 정상 속도를 내며 물 흐르듯 순하다.

내가 가는 방향으로, 일등을 차지한 단발머리 대학생도 간다. 아마도 나와 같은 전철역에서 내린 것을 보면, 새벽별도서관에 가는 길인가 봐. 자리 잡고 공부하려고 지름길을 택한 학생은 접어든 길에서 종이 상자를 붙잡느라 시간을 축낸다. 시간을 다투면서도 바람이 담겼던 상자를 고이 접고 포개더니 옆구리에 끼고 걷는다. 신통하다. 어찌하려는지 내 눈이 한걸음 뒤에서 조심조심 달려간다.

가까운 마트 앞에서 걸음을 멈추더니 쌓여 있는 종이 상자 더미 밑으로 밀어 넣는다. 같은 종족 더미 밑으로 밀어 넣어 쌓는다. 뒤따르던 내가 얌전히 깔린 종이 상자를 한 번 더 밀어 넣어 매무새 바룬다.

좋은 주인 만나 본래 너의 모습으로 다시 태어나거라.

단발머리는 아무 일도 없었다는 듯 총총히 도서관 사잇문으로 사라진다. 소소한 일상에도 내 경쟁자가 있었다니 세상 살맛 난다.

그날을 꿈꾼다

　사람이 책을 만들고 책이 사람을 만든다는 글귀는 내 삶의 이정표다. 책 친구를 만나 책 이야기를 나누는 동아리 활동도 이십 년이 되어간다. 책을 읽는 내가 가장 편안하고 행복하다. 다른 일에 관심이 적다는 말도 된다. 걷고 음악 듣고 가벼운 운동을 즐기는 것은 누구나 하는 일이라 나만의 일이라 할 수 없다.

　하여, 사십 년 직장 생활에 맞벌이 부부였는데도 나는 평범한 아파트 반 칸과 승용차 한 대가 값을 매길 수 있는 내 재산 전부다. 자주 만나는 선후배와 친구는 물론이고 이웃 사람과 얘기하다 보면 십 분도 지나지 않아 어디에 땅이 있고, 어느 동에 아파트가 있고 자동차는 몇 대인지 줄줄이 나온다. 어디 상가에서 월세가 얼마 들어온다는 둥 자랑삼아 꿰어내는 것은 다 돈이다.

　내가 돈을 싫어하는 것도 아니고 돈을 멀리한 것도 아닌데, 내가 그들보다 가진 것이 단출한 이유가 무엇일까. 재물을 싫어하거나 멀리하지는 않았지만, 한 번도 좇아가보지도 못했다. 짬 내어 한결같이 해온 것은 책 읽기와 읽은 책 토론할 거리를 컴퓨터로 타자하여 정리하는 것이다. 이 일을 할 때 나는 제일 행복하고 시간 가는 줄 모른다. 한 권의 책 읽기와 토론이 끝나고 나면 요약과 토론한 내용을 정리한 파일이 하나둘 늘어갈 때 나는 점점 부자가 되어가는 충만감을 즐긴다.

처음에는 내 재미로, 내 보람에 겨워 어깨가 아파도, 바빠도 수면 시간을 줄여가며 읽은 책 요약과 토론한 내용을 정리했다. 하지 못하면 학창 시절 숙제 미룬 것처럼 마음이 무겁고 부대낀다. 그러다가 자연스럽게 한 가지 꿈을 가졌다. 내가 읽고 정리한 파일을 내 재산 목록 일호로 바꾼 것이다.

나는 이 재산 목록 일호를 점점 불려서 나만의 자산으로 두 아들에게 전해주려 한다. 그네들도 나와 같이 교육학이 전공이니 늘 인문학에 관심과 관점을 갖고 살아가야 할 것이다. 또한 무엇을 하더라도 동서양의 고전과 여러 장르의 책을 두루 읽고 해박한 지식과 지혜를 쌓아야, 하는 일에 기반도 잡힐 것이다. 지금은 나 혼자서 마음 깊이 묻어두며 매진하고 있지만, 파일이 보관되면 언젠가는 알게 될 테지.

내가 고전 읽기에서 저자가 말하고자 하는 사실이 무엇인가를 알아가는 재미는, 다른 사람이 재산 불리는 재미보다 쏠쏠하고도 중요하다. 내 아들이 미처 책을 다 읽지 못하거나 두꺼운 책을 읽어내기가 부담스러울 때 내가 만든 파일을 보면서 내용을 짐작하고 책을 읽어야겠다는 마음을 다잡을 수 있다면 그 이상 바랄 것이 무엇이겠는가.

덧붙여 우리 어머니가 이 책을 읽었구나. 이런 점에 관심을 두고 동료들과 토론하며 관점을 제시하셨네. 내가 어느 구절에서 감동하고 어느 문단에서 비판적인 생각을 피력했는가를 파악하면서 내 아들과 시공간을 뛰어넘는 사유의 대화를 나눌 수 있다면 이보다 더 값진 재산이 또 있을까.

　나는 책을 읽고 밑줄 그은 부분은 몇 페이지 몇째 줄에 어떤 내용이 있는지 소상히 기록한다. 저자가 말하고자 하는 강력한 메시지는 푸른색으로 두껍게 쓴다. 거기에 핵심 단어나 주된 인명은 붉은색으로 두껍게 써서 눈길 잡을 수 있게 정리하고 있다.

　지금도 내가 책 내용을 다시 알고 싶을 때는 컴퓨터에서 파일을 열어 내가 정리한 내용을 읽어본다. 그러면 저자가 말하고자 하는 책 속의 내용이 파노라마로 펼쳐진다. 감히 따라가거나 흉내 내지 못할 유려한 문장, 섬세한 표현, 품격 높은 은유적 묘사와 단어들을 다시 만나는 행복은 느껴보지 않은 사람은 헤아리지 못할 것이다.

　한번은 친구들과 일주일간 남도 여행을 했다. 그때 나는 칸트의 『실천이성비판』을 읽고 있었다. 여행 중에 독서 토론 날짜가 끼어 있어서 배낭 속에 책을 챙겼다. 하루의 여정이 끝나고 호텔 방에서 밤을 맞으면 나는 혼자 짬을 내어 책을 읽고 토론 준비하며 백지에 타자할 내용을 필기했다. 며칠째 밤이 되자 같이 이야기라도 하자며 친구들이 갑자기 내 방으로 몰려와 책 읽고 있는 나를 보며 놀랐다. 야! 여행 와서까지 책을 읽냐며 지청구다. 이제 세상 좀 편안하게 살지 왜 그렇게 힘들게 사냐고 진담 반, 농담 반으로 연거푸 핀잔을 쏟았다. 좀 당황스럽고 미안한 마음은 있었지만, 책을 다 읽고 발제문을 찾았다는 즐거움이 더 컸다.

　아들 둘인 우리 집은 아직 내가 유일한 여자다. 세 남자 사이에서 오랜 시간 살다 보니 다정다감한 대화는 없다고 해도 틀린 말이 아니다. 유일하게 시간 가는 줄 모르고 대화가 되는 날은 맥주 한 잔 걸치며 책 이야기할 때다. 남편도 두 아들도 다른 사람에 비해

책을 많이 읽는 편이고, 책과 가까이하는 시간이 많다. 어릴 때는 내가 이야기를 주도했으나 지금은 아들 둘이 나보다 책을 읽고 담론하는 수준이 훨씬 깊다. 제일 뿌듯하고 행복한 시간이기도 하다.

두 아들은 가끔 내 책꽂이에 꽂혀 있는 책을 몇 권씩 가져간다. 어떤 날은 이런 책 집에 있냐며 전화가 오기도 한다. 한참 사회 적응에 바쁜 시기라 전공 책에 매달리고 있지만, 앞으로는 내가 읽은 고전을 읽으며 자신을 세우고 단단하게 살아가길 바란다. 내가 정리하는 목록과 파일이 유용하게 읽히고 활용되면서 내 아들과 그들의 아이들에게도 전해진다면 나는 그 속에서 늘 살아 있을 것이다.

그날을 꿈꾼다. 내가 지금 어깨 아프게 컴퓨터 문자판을 두드리는 이 마음과 이 생각을 아들이 읽으며 느낀다면, 내 아들의 하루하루도 충만하고 행복한 매일이 되리라.

현금을, 아파트와 자동차를 물려받아서가 아니라, 책과 책을 정리한 파일을 물려받아서 든든하고 평안한 마음과 생각을 가진다면 된 사람이다. 된 사람이 또 사람 가르치는 본을 보이며 후학들의 멘토가 된다면 충만한 삶이다. 평범한 일상에서 자신을 돌아보고 주변을 살피고 더불어 같이 살아가는 그들이 세상에 존재한다는 것만으로도 나는 큰 기쁨일 것이다.

사람이 책을 만들고 책이 사람을 만든다는 톨스토이의 말처럼, 내 아들과 내 아들의 아이들이 책을 만들고 사람을 만드는 일에 즐거움과 보람을 느끼는 날을 위해 나는 오늘도 책을 읽고 중요한 내용과 생각을 정리하며 파일을 만든다.

먼 후일의 그날뿐 아니라 지금 내가 더 행복한 것은 두말할 나위 없다.

못

 언제부터였을까. 마음 한편에 작은 못 하나 드리웠다. 넓고 깊게 팬 땅에 늘 물이 괴어 있듯이 나의 일상을 씻고 닦으면서 괴인 듯 흘러가길 보듬고 감싼다. 보고 싶은 대로 판단하고 마음 문을 닫았던 사람과 상황들이 스치며 일렁인다. 상대가 어떤 깊이와 폭의 역사를 가졌는지 차근하게 괴이기도 한다.

 내 사유의 못에서 흘러갔던 일상들이 안개비가 되어 내린다. 때론 햇살 머금은 오로라가 되어 반추된다. 한밤중 잠시 깨어날 때도 감성의 파문이 잔잔하다. 아직도 깊은 곳에서 부유하지 못하고 맴돈다. 산마루가 눈앞에 밀려올 때 섬광처럼 녹아드는 아찔함이 있다. 내가 너에게, 여럿의 네가 나에게 보냈던 입으로 말할 수 없는 것을 치유하고 위로케 한다.

 지나간 것은 지나간 것이다. 일어난 것은 일어난 대로 향유하고 싶다. 순간에 부딪혀 누군가의 손에 들려 있는 망치와 못이 보인다. 우리가 만나는 카페 지붕이 되고 창이 되었다. 초록 잎 무성한 길을 걸어 카페로 향한다. 모두가 만나 카페 지붕이 채색된다. 우리들의 이야기가 새겨진다. 내 사유의 못은 맴돌고 흐르면서 조금씩 사위어간다. 넓고 깊게 확장되어가는 걸음마를 계속한다.

대물림

 미용실에 간다. 이전했다는 메시지를 확인한다. 오랫동안 저장되어 있던 주소를 지우고 새 정보를 입력한다. 천천히 달려 예약 시간에 맞춘다. 주차장에 선다. 오래된 건물이다. 계단을 오를 때 거쳐 간 입주자들 상호가 너덜너덜 겹쳐 보여 역사를 짐작한다.
 침침한 복도 몇 걸음 안쪽에서 친근한 얼굴이 웃으며 문을 열고 나온다. 방금 지나온 계단과는 대비되는 딴 세상 공간이다. 새까만 창틀에 같은 색 철제 난간을 세운 디자인이 인상적이다. 천장의 에어컨과 전등을 같은 높이에 돌출시켜 봉으로 연결하고 벽과 수납장은 모두 흰색 마감재로 꾸민 실내가 담백하고 세련돼 느낌이라 좋다. 창을 통해 동네가 한눈에 들어온다. 지역 중심 도로와 아파트 건물 사이가 트이고 넓은 공원을 조망할 수 있는 교차로 건물 최고의 목에 자리 잡은 새 둥지다.
 나와 원장의 인연은 길다. 머리숱이 점점 줄어들어 걱정할 때다. 출산 후에 흔히 나타나는 현상이라며 경험 있는 선배가 당시 아주 유명한 시내 중심가 미용실을 소개했다. 이십 대 중반인 그가 8번 이름표를 달고 나와 처음 만났다. 내 고민을 헤아린 듯 정성을 다해 머리카락 한 올도 조심스레 손질했다. 믿음이 갔다. 그 후로 혼자 독립해서 개업했을 때도, 결혼해서 도시 외곽으로 옮겼을 때도 나는 그를 따라갔다. 도로비와 연료비에 하루 시간 값까지 바꾼 왕래에 이제는 막역지우가 되었다.

원장은 딸 둘에 아들을 둔 손색없는 사업가다. 둘째 딸이 초등학생일 때 근심 가득한 얼굴로 나에게 상담을 부탁했다. 친정엄마가 그의 살림을 도맡아줄 시기였다. 애기를 들어보니, 큰딸은 첫 손자라 정이 깊었고 막내는 아들이라 귀하게 여겼는데, 둘째가 언니와 남동생 사이에 치여서 정서적 어려움이 있어 보였다. 잘 아는 사이는 상담 거절 사유가 된다고 얘기하고 상담 전문가 수녀님을 소개했다. 지금은 두 딸이 중고등학교를 거쳐 대학에서 미용을 전공한 후 엄마의 어엿한 후계자가 되었다.

두 딸이 대학생일 때부터 내가 파마하는 시간에 원장은 두 딸을 번갈아 곁에 세웠다. 가위질부터 롤 말아 고정하는 방법을 일일이 설명하고 열심히 듣는 모녀 모습이 예사롭게 보이지 않았다. 마네킹을 탁자에 올려놓고 머리카락을 자르고 말아 올리는 실습도 쉼 없이 시켰다. 몇 해를 한결같이 가르치고 배웠는데 어느 날부터 보이지 않았다. 왜 보이지 않냐고 묻는 말에 각자 취업했다고 한다. 현장에서 실력도 쌓고 미용계의 크고 작은 일을 익히는 시기란다. 미용 일이 힘들다는 푸념과 고용주에 대한 불만을 털어놓고 얘기하며 두 딸과 엄마는 직장인으로서의 동료애를 저축하고 있었다.

코로나가 시작되면서 점장과 실장의 직함을 주며 두 딸을 불러들였다. 일군—群을 이루며 위기를 극복할 거란다. 보기 좋았다. 서로 원장님, 점장님, 실장님으로 불렀다. 가족이라는 느낌보다 직장 동료라는 느낌이 들게 한다. 미용을 익히고 실습하는 도우미 두 사람은 아직도 그들이 가족이라는 걸 눈치채지 못하고 근무할 정도다. 매달 서울 강남의 청담동 미용실에 보내서 앞서가는 미용 기술과 운영 안목을 넓힐 수 있게 아낌없는 지원을 하고 있다.

두 젊은이가 합류한 미용실은 풋풋함과 생기가 돈다. 거울 위치가 바뀌고 소품과 기기 배치도 바꾼다. 어느 날은 벽을 다시 칠하기도 하고 메뉴판도 깔끔하고 새롭다. 인터넷 사이트까지 등록하여 철저한 예약제로 대기자 없는 운영과 쾌적한 실내 분위기를 이어간다.

성공한 모녀를 보면 뿌듯하고 자랑스럽다. 행복하게 살아가는 이웃을 보면 나도 행복하다. 원장은 공부해라, 이것 해라, 저것 해라 채근하는 욕심을 내려놓았다. 스스로 진로를 선택하게 하고 결국 엄마 뒤를 이은 두 딸이 이제는 든든한 원군이 되어 서로 이해하고 격려하며 끈끈한 동료가 되었다. 들어설 때마다 기분 좋고 돌아올 때 더 행복한 걸음이다.

친구 만나러 미용실에 간다. 거울을 창가 세 곳에 같은 간격으로 세우고 양쪽으로 의자를 배치하여, 전체는 열려 있으면서 일할 때는 각각 분리된 구성으로 서로 방해받지 않아 얘기 나누고 일도 한다. 원장은 내 귀에 대고 큰딸과 작은딸 중간에서 원장으로서 중심 잃지 않고 사업을 키워가고 싶은 속내를 털어놓는다.

둘째 딸의 손놀림이 저만치 거울을 통해 비친다. 언니와 남동생 사이에 끼어 걱정했던 꼬마가 이제는 의젓하고 자신 있는 모습이다. 책자를 펼쳐놓고 고객에게 헤어 디자인을 설명하고 의논하면서 정성스레 고객의 머리카락 한 올 한 올씩 다듬어 작품으로 완성해내는 자세가 숙련된 전문가다. 큰딸은 늘 상냥한 말씨와 웃는 모습으로 분위기를 밝고 편안하게 만든다. 세 모녀가 한결같이 눈이 반짝반짝 살아 있고 일에 보람을 느끼며 최선을 다해 고객의 헤어 디자인을 책임진다는 표정이 넘쳐흐른다. 참 잘 키웠고 잘 자랐다. 원장은 성공했구나! 삼십 년 넘게 함께해온 미용실 가족은 성공한 내 이웃이다.

나는 파마 끝나고 마지막 손질을 한다. 앞머리는 왼쪽으로 넘기고 중간 롤 하나를 말면 자연스럽게 보일 겁니다. 뒷머리 끝부분이 꽁지처럼 치켜 올라가는 느낌으로 디자인했어요. 봄이라 전체적인 스타일을 바꿔보려 했으니 편안하게 그대로 지내도 됩니다. 자세한 손질 팁을 준다. 다달이 되풀이되는 손질 방법을 따라 나름 애쓰며 다음 미용실 가는 날을 기다린다.

이렇게 저렇게 해달라고 말할 형편이 못 된다. 미용실에 들어서는 순간부터 내 머리카락 손질은 내 몫이 아니다. 그가 알아서 자르고 파마하고 두피 마사지 후에 비닐 모자를 씌운다. 뱅글뱅글 돌아가는 열기구를 덮기도 하고 원적외선 빛을 쬐기도 한다. 부산에도 미용실 많은데 도로비 연료비와 시간을 들여가며 시외까지 원정 파마하러 가냐고 놀리는 친구도 있다. 그래도 바꿀 용기는 없다.

갈 때마다 원장님에게 성공한 사람이라고 말한다. 자꾸 말해주고 싶다. 그도 언제 끝이 보일까 까마득한 날이 많았는데 지금은 하루하루 열심히 살다 보니 끝이 보이는구나 싶어 마음이 놓인다며 환하게 웃는다.

내 앞 고객이 행복한 얼굴로 떠난다. 한나절이나 정성을 쏟아 파마하고 손질하고 다듬은 내 모습이 거울 속에서 웃는다. 꽤 괜찮다!

다음 예약자가 들어온다. 세 모녀의 소박한 대물림으로 번창해가는 미용실을 나온다. 돌아오는 찻길도 확 뚫린다.

목소리

　남편과 내가 한목소리로 창을 열고 싶은 날이 이어지고 있다. 하나, 둘 열다가 오늘은 모두 열어젖혔다.
　가운데 창 절반 높이까지 잔가지를 뻗고 있는 솔잎 사이로 벚나무와 느티나무가 숲을 이루고 있는 아파트 뜰이 모두 보인다. 우리 집에서 내가 가장 좋아하는 이 자리에 앉으면 초록과 연두 잎들 사이에서 동네 아이들의 목소리가 피어오른다. 코로나19를 겪고 있는 이 봄에 특히 더 그렇다. 세상의 소리가 다 있다. 사람 살아가는 목소리가 그 어떤 교향곡보다 맑고 아름다운 화음으로 귓전을 돌아 마음을 두드린다.
　서른 명 가까운 아이들이 초등생부터 중학생까지 같이 어울려 편을 가르고 공놀이에 한창이다. 서로 응원하는 소리가 제일 높다. 즐거워서 웃음에 겨워 허리를 휘어잡은 소리도 들린다. 던진 공을 피하려고 애쓰는 떼창 소리도 섞여 있다. 모두의 목소리가 묻히지 않고 하나하나 살아난다. 놀이터 코트는 타고 다니던 자전거로 멀찍감치 빙 둘러 세웠다. 어린 동생들이 밀고 다니던 씽씽카가 양편을 가르는 네트가 되었다. 가까이에서 보고 싶다. 급한 마음에 운동화를 꺾어 신고 내려간다.

우리 부부는 캠퍼스에서 만나지 않았다. 동갑내기도 아니다. 시어머님, 시아버님은 연애결혼 하셨단다. 아침 여섯 시면 일어나 목소리 음악에 맞추어 잠옷 바람으로 춤을 추었고, 주말마다 어디론가 부부 여행을 떠나셨다. 좀 다르지만, 남편은 화성의 남자였다.

친정 할아버지와 아버지는 해마다 입춘이 되면 원고지에 가훈을 다시 썼다. 우리 남매들을 앉혀놓고 따라 읽게 하며 뜻을 다졌다. 그렇게 나는 금성에서 살았다. 많이 다른 그대로의 모습으로 시작한 생활은 서로 적응하고 탐색하는 시간이 길었다. 나에게 결혼은 여러 가지 사슬을 벗어나는 자유로운 날이 되었고, 남편은 상대적으로 목걸이를 찬 느낌이었을 것이다.

함께한 시간만큼 서로의 목소리를 인정하는 시간이 늘어난 것일까. 나와 남편은 아이들의 웃음과 활기찬 공놀이 모습을 시간 가는 줄 모르고 몰입하는 관중이 된다. 즐겁고 활기찬 세상인 듯 구김살 없이 웃고 뛰노는 아이들의 목소리를 더 가까이에서 듣고 싶은 마음이 메아리친다. 그날이 언제일까.

장이 배 밖에 나온 남자

 차를 몰았다. 석 달 가까운 병상에서 일어나 다른 병원으로 옮길 그를 잠시 얼굴 보려고 서둘렀다. 병원 입구에서 여러 항목에 대답하고 코로나19 검사대를 통과했다. 병실에 도착하니 그가 누웠던 자리는 깨끗하게 정리되었다. 반가움을 더하려고 온단 말 하지 않았다. 퇴원은 항상 오후에 한다는 짧은 경험의 결과였다. 응급실을 통하여 다른 병원에 다시 입원하려고 점심시간 전에 퇴원해버렸다. 손잡고 온기 전하며 위로하고 싶었는데 어긋나서 섭섭함이 컸다.

 새해맞이로 희망 부푼 연초에 큰오빠가 장 괴사 수술을 받았다. 두 시간이면 충분하다던 의사의 말과는 달리 네 시간이나 걸렸다. 수술 중간에 담당 의사가 나와서 보호자를 불러 상태를 알려줬다. 소장과 대장 일 미터를 절단했는데도 괴사가 계속 진행되어 이을 수가 없었단다. 대기하고 있던 가족들은 초상집 분위기였다. 의사가 더 당황했다. 들어가려다 돌아서서 몇 마디 더 던졌다.

 장을 배 속에 넣지 못하고 개복 상태에서 경과를 봐야 했다. 오늘부터 삼 일간만 삶이 멈추지 않으면 다음 단계 치료를 할 수 있다. 소장과 대장을 잇지 못하고 배 밖에 두어도 사람이 살 수 있는지 혼란스러웠다. 우리는 한 가족의 생이 끝나간다는 아픔에 고개 떨구고 어깨를 들썩이며 서로 얼굴을 감췄다. 오빠는 호랑이같이 무서울 때가 많았다. 해결하기 어려운 일이 있을 때는 제일 먼저 쫓아가서 해결해달라고 졸라대던 기둥이기도 했다.

내가 어릴 때는 양치하는 아이가 드물었다. 양치가 무엇인지도 몰랐다. 어느 토요일, 오빠가 첫 월급을 받아 칫솔 아홉 개를 사 왔다. 샘가에 못 아홉을 박아 걸이를 세웠다. 직접 양치질을 하면서 시범을 보였다. 그 후, 오빠가 오는 날이면 우리 아홉 형제자매는 마당 모퉁이에 일렬로 서서 입을 크게 벌리고 양치 검사를 받았다. '전원 통과'되는 날에는 바깥 아궁이에 무쇠 솥뚜껑을 뒤집어 걸고 호떡을 구워 먹으며 하나 됨을 과시했다.

오빠는 시골에 계시는 부모님의 권리를 위임받아 여동생들에게 호랑이 대장이었다. 통금 시간을 정하고 외박은 일절 금지였다. 그런 와중에 친구 두 명과 작당하여 울릉도 봉사활동 핑계로 여행 허락을 받아냈다. 구명조끼가 없던 사십여 년 전, 오빠가 커다란 특수 비닐 주머니 여섯 개를 만들어 가방에 넣어주었다. 혹시 배에 문제가 있어도 이 비닐봉지에 의지해서 바다에 떠 있기만 하면 구조하러 오겠다고 했다. 떠날 수 있는 통쾌함에 귓전으로 들으며 고마운 줄 몰랐다.

가는 날이 장날이었다. 거짓말까지 해가며 떠났던 울릉도는 내가 도착하자마자 여름 장맛비가 퍼붓고 사람이 여럿 죽어 나갔다. 살아 있다는 감사함보다 오빠에게 쫓겨나지 않을까 온갖 걱정을 다했다. 사흘이 지나고 군인 초소에서 하나밖에 없는 전화로 연락했다. '한 달이 지나도 좋으니 살아만 돌아와라. 아무 걱정하지 마라.

돈을 보낼 방법을 알아보고 다음 통화될 때 꼭 알려달라.'라고 오빠는 소리 질렀다. 꼬박 보름을 보내고 거지꼴이 되어 집으로 돌아왔다. 그런 나를 두고 두 언니는 운수대통했다고 부러워했다.

오빠가 아프다는 것을 생각한 적이 없다. 항상 준비하고 몸을 챙겼다. 어쩌다 가족들 회식으로 노래방 갈 때도 비상탈출 방법을 장황하게 설명한 후에 노래를 불렀다. 지난 연말 모임에서 얼굴빛이 좋지 않아도 예사로 넘겼다. 생일에 모두 모여서 밥 먹자는 약속까지 잡았다. 며칠 지나지 않았는데 장 괴사 때문에 수술받는다는 것을 알았다. 바로 다음 날 오전에 수술이 잡혔다.

나는 제일 먼저 병원을 옮겨야 한다고 우겼다. 오빠와 똑같은 증상으로 그 병원에서 수술하여 엄마를 여읜 동료를 보며 애태웠던 기억이 선명했다. 수술복까지 입고 순서를 기다리고 있던 오빠를 빼앗다시피 다른 병원으로 옮겼다. 간단한 수술이라고 말하던 두 병원의 예측이 가족에게 행복 조건이 되지 못했다. 사선을 넘나드는 서너 차례의 절박한 순간을 이겨내고 오십오 일 만에 배 밖으로 나온 소장과 대장을 안으로 넣는 봉합 수술을 빌었다.

이차 수술 전날, 작은오빠는 선영에 다녀왔다. 자매들은 큰언니를 의지하여 방생과 염불로 오빠의 성공적인 수술을 빌었다. 주치의 두 분의 손길에 신의 가호가 깃들길 간절히 바랐다. 수술실 입구에서 가족 한 사람씩 오빠와 손을 잡으며 인사를 나누었다. 휠체어를 밀고 들어가는 간호사가 짧은 순간이나마 웃을 수 있도록 배려했다. 강직했던 오빠는 내가 다시 살아서 나올 수 있겠느냐며 눈물을 보였다. 내가 장이 배 밖에 나온 남자보다 장이 배 안에 있는 남자를 우리는 더 좋아할 거라고 힘주어 말했다. 겁 없는 남자가 간이 배 밖에 나온 것이 아니고 장이 배 밖에 나온 것이었느냐고 오빠가 응수했다. 처음 수술할 때는 설마 죽겠나 했는데 지금은 저승 문 앞에 선 기분이라며 목소리가 떨렸다. 지금까지 맏이로서 보였던 호랑 성질은 완전히 타버린 숯 그림자 같았다. 죽음 앞에서 흔들리는 오빠의 한마디에 가슴 에었다.

대기실에서 기도하며 기다렸다. 사람 할 짓이 못되었다. 다섯 시간이 지나면서부터 우리 가족은 서로 눈길을 피하며 물만 들이켰다. 스무 명이 넘는 수술 환자 명단에서 하나둘씩 회복실로 옮겼다는 자막이 나왔다. 병실로 이동하니 보호자는 수술실 입구로 오라는 방송도 거듭됐다. 전광판에 오빠 이름만 덩그러니 남아 '수술 중'이라고 계속 깜빡였다. 한 가지 희망적인 것은 중간에 의사가 보호자를 찾지 않은 것이었다. 일차 수술 때처럼 특별한 문제가 있으면 중간에 나와서 설명이 있으리라 예측하면서 불안을 애써서 달랬다. 일곱 시간이 막 지날 무렵 푸른 가운을 입은 한 무리의 의료진이 수술실을 빠져나왔다.

바로 그때, 주치의가 우리를 향해 오고 있지 않은가. 요번 수술에서 다시 소장과 대장을 이십 센티미터 이상 잘라내면 위험한 상태라 신경이 쓰였습니다. 다행히 오 센티미터 절단했습니다. 오십오 일간이나 장이 배 밖에 있으면서 음식물 섭취가 되지 않아서 여러 곳에 장 유착이 있었습니다. 구겨진 소장과 대장을 펴면서 수술을 진행하느라 예상보다 시간이 오래 걸렸습니다. 수술은 잘되었습니다. 간, 위, 폐, 신장, 췌장 등 다른 주요 장기에 결정적인 문제가 없어서 며칠간 잘 회복된다면 생명에는 큰 지장이 없을 거라는 결과를 알게 되었다. 그 어느 절대자의 계시보다 더 간절한 말에 다시 한번 울음바다가 되었다. 선생님의 수고하신 은혜는 절대 잊지 않겠다며 가족 대표인 작은오빠가 인사말을 했다. 눈이 충혈된 주치의 선생님은 환하게 웃으며 손사래를 쳤다.

또 삼 일이 고비라고 했지만 이제 장이 배 안으로 들어간 남자는 잘 견뎌낼 것이다. 내가 둘째 낳은 후에 여러 날 입원하여 수술받을 때, 긴장하여 마취가 잘되지 않자 의사가 나에게 몇 마디 물었다. 기억나는 마지막 말이 참 훌륭한 오빠를 두어서 든든하겠다는 말이었다. 오빠가 어떻게 했는지 아직 물어보지 않았고 당신이 말한 적도 없지만, 나는 의사 선생님과 간호진의 극진한 치료와 간호를 받으면서 완쾌하여 건강하게 살아 왔다. 나도 오빠가 고통스러운 시기에 견딜힘이 되면 좋겠다.

친구들은 친정 오빠 일에 너무 매달리는 것 아니냐고 말한다. 친구와 선후배들에게 도와달라고 전화와 문자를 수없이 보냈던 터다. 남편도 처수님과 조카들이 있는데 형제자매들이 너무 나서는 것 아니냐며 여러 번 채근이다. 남편이 내 마음을 어찌 다 알까 주억거린다. 왜 이렇게 오빠의 건강 회복을 간절히 기원하며 매달리는지 나를 들여다본다. 오빠의 모습에는 친정아버지와 엄마의 모습이 함께 보인다. 오가는 말에 깊이가 느껴지고, 살아가는 애기를 나누면 가슴 차오르는 즐거움과 힘이 생긴다. 그가 활기차고 성공적으로 살아가는 것이 곧 내 모습일 거라는 믿음이 작동한다.

새로 옮긴 병원에는 통제가 더 철저하여 가보지 못한다. 내가 동생들의 기둥 역할은 할 수 있었는데 앞으로는 모르겠다며 울먹인다고 큰언니가 전한다. 장이 배 밖에 나온 남자가 칠십팔 일간 단장斷腸의 고통을 이겨낸 것만으로도 기둥임에 충분하다. 맏이는 하늘에서 내린다더니 오늘도 기둥이 못 되는 것을 걱정하는 큰오빠다. 혼자서 앉을 수 있을 때 가볼 거다. 오빠와 밥 먹을 날 기다리는 것이 좋고도 좋다. 세상 솟구치는 초록 봄기운이 창으로 쏟아 내린다.

안전벨트

 한 달 먹거리를 준비하려고 반여농산물도매시장에 들른다. 필요한 것을 메모해 왔지만, 적혀 있는 것만 사는 일은 드물다. 견물생심이라고 싱싱한 과일이며 채소가 내 눈에 자꾸 보여서 사다 보니 오늘도 살짝 예산초과다. 다 샀네! 승용차로 돌아오는 길에 그만 싱싱한 수박과 또 눈을 맞추고 만다.

 방금 경매를 받았는지 손수레에서 아직 내리지도 않았다. 탐스러운 자태를 보고 이미 많은 사람이 모여 빙 둘러섰다. 오늘 수박은 이 수레가 최고였다. 충동구매지만 수박 한 통을 안고 돌아섰다. 붉은 속살은 강판에 갈아서 주스로 먹고, 하얀 속껍질은 나물로 해 먹으면 좋겠다는 마음속 생각으로 이미 신이 났다.

 이제 집으로 돌아가면 된다. 한낮의 도시고속도로는 자동차의 흐름이 여유롭다. 그런데 갑자기 안전벨트 경고등에 빨간 불이 들어오더니 경고음까지 울린다. 출발할 때도 괜찮았는데 왜 이렇지? 혹시 문이 덜 닫힌 건가 싶어서 운전석 문을 열었다가 다시 닫아보았지만, 경고등도 경고음도 꿈쩍하지 않는다. 다시 조수석 문도 열었다 닫아보고 내가 매고 있던 안전벨트를 풀었다가 다시 채워보았지만, 아무것도 해결되지 않는다.

다시 운전대를 잡는다. 집에 곧 도착할 수 있으니 조심해서 가는 수밖에 없다. 불안한 마음을 다잡고 달리려니 등에서 식은땀이 난다. 어찌어찌 도시고속도로를 빠져나와 붉은 신호등에서 멈춰 선다. 더는 참을 수 없겠다는 건지 이제는 계기판에 조수석 에어백이 활성화되었다는 글자까지 뜬다.

'조수석이 문제라고!'

혹시 이 수박이 원인일까. 그때야 조수석에 얌전히 앉아 있는 커다란 수박이 눈에 들어온다. 수박에 안전띠를 채워보았다. 순간 경고등이 사라지고 경고음도 경고판의 글자도 모두 사라지는 게 아닌가. 어이가 없어 웃음이 터져 나왔다. 세상에 수박이 이 모든 일의 원인일 줄이야.

그래! 너도 이 순간 사람이 되는 행운을 누렸구나. 아까 농산물 시장에서 이미 트렁크에는 과일 상자와 채소 봉지들이 자리를 잡아서 마지막에 산 수박을 조수석에 앉히며 무거워서 흔들거리지 않을 것 같아 마음 놓고 출발했는데…. 조수석에 앉은 수박을 사람으로 인식하는 자동차의 인공지능에 쓴웃음이 났다.

나는 부족한 면이 여러 가지다. 주변 환경에 둔감하고 공간 지각력이 부족하며 일상의 소소한 것을 곧잘 기억하지 못한다. 같은 경로로 운전하면서 진입로에 확대경이 있는지도 모르고, 바로 이웃에 성당이 있는데도 십여 년이 지난 요즘에야 알게 되었다. 버스 번호를 잘 기억하지 못하여 일행을 엉뚱한 곳에서 기다렸던 적도 한두 번이 아니다.

얼마 전에는 함께 여행까지 했던 선배님을 알아보지 못하고 집에 돌아와서야 얼굴을 붉히며 안절부절못했다. 전화를 주고받는 사이는 아니지만 나를 보고 반갑다고 인사를 하는데도 처음 만난 분이 그저 지나가는 인사를 하는 것이라 가볍게 흘려보냈다. 그분의 이름이라도 확인했으면 이런 실수는 막을 수 있었을 텐데 그러지도 못했다. 마스크를 껴서 몰라볼 수도 있다고 친구는 위로해주지만 내 마음은 편하지 않았다.

오늘 일만 해도 그렇다. 한 번 더 짚어보았더라면, 안전벨트 경고음이 울리는데 왜 문만 열고 닫고 했을까. 옆자리에 수박을 쳐다보면서도 왜 다른 생각을 한 번도 해보지 않았을까. 사람만 안전벨트를 맨다는 고정관념으로 무장한 내 유연성의 미숙이었다.

장자의 제물론에 심취한 적이 있었다. 세상 만물이 다 나와 같다고 하는 설說을 알 것 같으면서도 요원했다. 장자의 글들을 접하면서 주변 사물을 보는 눈이 좀 더 깊고 넓어져가고 있구나 싶었는데 아직 멀었다.

나를 한바탕 불안의 바다에 빠뜨렸던 수박을 냉장고에서 꺼냈다. 붉은 속살을 갈아 주스 만들어 마시며 내 몸의 살이 되고 피가 되니 결국 수박이 나와 같다는 깨달음에 닿은 듯했다. 나에게 큰 깨우침을 준 수박아! 다음에는 너부터 안전벨트를 채워줄게.

안다미로 사랑

　지심도로 간다. 하늘에서 보면 마음 심心 자로 보이는 섬이다. 지세포항에서 뱃전 물살이 서로의 살에 기대며 앞으로 나아간다. 잔잔한 수면도 하늘을 머금고 에메랄드 물살을 자아올리며 바닷속 사연들을 모두 실어내고 있는 듯 말을 걸어온다. 바다 밑 돌구멍을 뚫어 석유를 저장한 건물도 보인다. 지금은 우리 땅 지킴이가 된 곳이다. 흰색 고깔 지붕에 둥근 탱크 기둥이 여러 개다. 보기만 해도 든든하다.
　지심도는 일제강점기에 일본군 해군기지다. 지금은 열다섯 가구에 스무 명의 주민이 사는 청정 땅이다. 탐조등과 방향 지시석 흔적이 곳곳에 남아 있어 가슴 아린다. 지척에 대마도가 보이는데 왜 우리 땅이 아닌지 이해가 되냐고 스스로 반문해본다. 포진지와 탄약고는 상처가 조금씩 아물어간다. 재래식으로 그물을 던져 숭어를 잡는 그늘막도 보이고 해안 절벽을 비켜난 낚싯배가 생동감을 준다.
　애기동백이 진실한 사랑을 토하며 맞아줄 것이라 기대했다. 땅에 떨어져 흙과 얼굴 맞대며 붉은 멍울만 펄떡였다. 온전한 모습으로 우리를 반겨주는 꽃송이들이 햇살을 타고 초록 잎 사이로 빛났다. 사람들 발길을 잡던 음식점 간판들이 오토바이 위에서 졸고 있다. 이 조그만 섬도 코로나19를 비켜 가지 못했다. 뭍에서 건너 오지 않아 주인을 잃은 뜨락에는 동백나무 잔가지만 평상을 지키고 누웠다.

포탄 저장고와 이어진 헬기장 활주로는 축구경기장 잔디 같다. 토끼풀과 개불알꽃이 촘촘히 잎과 꽃을 피운다. 손으로 만지기도 조심스러운 꽃잎 들판이다. 구름이 잠시 해를 감춘 아침나절, 청보라 꽃밭에서 나는 은하수에 돛단배 되어 노를 젓는다. 꽃잎이 겨우 땅을 비집고 목만 내민다. 자태가 앙증스럽다. 어느 시인이 개불알꽃을 보고 감탄하며 쉽고 다정하게 부르고 싶어 봄까치꽃이라 이름 붙여 많이 알려졌다. 솔잎 사이로 불어오는 바람과 햇빛이 키워낸 봄까치꽃은 초록 땅에서 길어 올린 보석이다. 여행자 발걸음을 보듬고 하루하루 피어오르는 땅 별이다.

배가 출발한다는 소리가 요란하게 들린다. 두 시간 후에 돌아가는 배를 타야 한다며 번호표를 전해주던 선장의 목소리다. 바닥이 고궁 담장 같은 현무암 길을 건넌다. 해변에 급히 내려가서 동백 울창한 섬 실루엣을 눈에 담고 다시 배에 오른다. 산마루에서 지심도를 보살피고 역사를 기억하는 노부부, 할배 곰솔과 할매 곰솔 품에서 서서히 멀어진다.

은하수 여행자는 풍류에 몸을 싣는다. 오늘 같은 날 생선회에 소주 한잔 기울이지 않으면 신문에 날 일이라며 점심 자리에 앉는다. 더 사랑할 상대가 없을 때가 지옥이라던 사랑앓이 소설 글귀가 스쳐 간다. 지심도 사랑 주머니에 땅별을 담고 다시 발길을 옮긴다.

곳곳이 나들목에 선다. 수선화를 평생 심고 가꾸어온 노부부가 해마다 이즈음에 문을 열어준다는 문설주다. 거제도 예구 포구에서 동쪽 비탈길로 이십여 분 걸어온다. 경사가 심하고 척박한 땅을 삽과 호미, 곡괭이로만 일군 곳이다. 남도에서 가장 이름난 거제 8경의 마지막 자연 비경이 공곶이다. 사만여 평의 넓은 땅에 동백나무, 종려나무와 수십 종의 수선화로 성을 이룬다. 공원 곳곳은 주인의 알뜰한 손길로 생명 넘치는 숲이 되어 사람들이 모여드는 사랑채다.

공원 양쪽은 계단밭으로 끊어질 듯 이어진다. 한 사람 겨우 걸을 수 있는 좁다란 자연석 계단은 아왜나무 터널이다. 아스라이 해안으로 뻗어난 길은 우듬지가 하늘을 가려 세상과 단절되고 아래로 아래로만 향한다. 아왜나무를 지팡이 삼아 한 계단씩 버티며 내리 걷는 나는 순례자가 된다. 파도 소리가 소프라노 새소리를 뚱기며 속살거린다. 미사 시간만큼 숙연하다. 빛에 반사된 능선은 나무와 풀을 얽어매어 소박하게 경계를 짓고 유리 없는 창이 되었다. 층층 밭 수선화도 빛을 녹이는 물결 일렁이며 해수면까지 흐른다. 꽃이 아니라 별천지다.

만나는 사람마다 수선화를 들었다. 나도 오늘 별을 따겠구나. 내가 걸어가고 있는지 별이 걸어오고 있는지 취한 발걸음이 저절로 움직인다. 수선화밭 어귀는 해변 소나무 그늘이다. 잠시 발길을 놓았다. 밀려온 파도가 몽돌에 부딪히고 조약돌에 이야기를 새기며 쓸려간다. 손에 잡힐 듯한 내도와 마주 앉은 나는 스치는 바람에 온몸을 비비며 숨구멍이 트인다.

눈앞에 별이 반짝인다. 가슴 두근거리는 한낮의 별 멀미다. 몰려오는 조개구름 물결이 별을 밀어 올린다. 미처 말할 사이도 없다. 찰나에 사라져버린 허무함에 내 눈을 의심할 판이다. 커튼콜을 바라는 순간 여기저기서 다시 반짝인다. 은빛 얼굴 내밀고 환한 미소로 춤사위를 바꾼다. 숭어다. 숭어였다! 바다가 품에서 숭어를 내보내며 세상 구경한다. 서로 뽐내며 튀어 오른다. 수십 마리의 군무는 장관이다. 수면 위에서 물수제비뜨던 한 녀석이 펄떡이며 도약한 순간 여기저기서 더 높이 비상한다. 온몸에 태양 빛 칠하고 상고머리 돌리며 윤슬을 파고든다. 어김없는 바다 별이다.

저쪽 무대에서 다시 공연이 시작되었을 때의 반가움은 새로운 희망을 키운다. 얼마나 더 높이 더 오래 도약하여 묘기를 보일지 재미가 고조된다. 숭어가 미물임을 잊었다. 이미 나와 같은 족속이다. 아프지 말자. 잘 이겨내자. 나도 그들도 대중이 보내는 메시지에 화답한다. 비틀고 반짝이며 우리를 위로하고 쓰다듬는 몸짓에 뭉클하다. 촌음에 무거운 물옷 벗어난 허공의 자유도 마다하고 미련 없이 물속으로 돌아가며 일상의 소중함을 일깨운다.

감정을 헤적이는 우리는 신의 사랑을 담은 무한한 그릇으로 살아간다. 남도의 섬과 해안은 곰솔 할배 부부와 노부부의 안다미로 사랑이 시작되는 터다. 별과 하나 된 하루를 내 그릇에 옮겨 담으며 조약돌 하나 쌓아 올린다. 돌아오는 손에 수선화 향이 그윽하다.

또 다른 꽃으로

세 시간이나 지나버린 후배 문자다. "전화 한 통 드려도 될까요. 시간 나실 때 문자 주시면 전화하겠습니다." 기어이 결단을 내렸구나. 어떻게 말해야 하나. 망설임 끝에 보낸 문자였을 텐데, 바로 응하지 못한 미안함이 한겨울에 찬물 들이킨 가슴이다.

전화로 말을 걸었다. 현장이 힘들지만 씩씩하게 잘 해내고 있을 거라고 믿는다며 말문을 텄다. 쉽게 입을 열지 못하고 침묵이 흘렀다. 마지막 승진을 포기하고 명예퇴직을 신청하여 오늘 결정 통보를 받았단다. 어렵게 결심한 그의 고민이 느껴졌다. 얼마나 많이, 깊이 생각하고 내린 결정인지 절절한 마음이 들었다. 나는 무조건 잘했다면서 목소리 높여 응원했다. 숨죽인 그의 흐느낌이 보이지 않는 전파를 타고 나의 떨림과 겹쳤다.

십여 년 전 근무지에서 그를 처음 만났다. 딱 삼 년을 같이 일했다. 굵직한 프로젝트를 기획하고 실행했다. 구성원 전체를 제일선에서 조율하고 단합을 끌어내야 하는 그의 책무가 컸다. 볼멘소리로 트집을 잡거나 뒷걸음질 치는 동료의 숨겨진 열정을 모으기에 애썼다. 그와 나는 마무리까지 척척 해냈다. 결과에 대한 보상은 구성원 전체에 돌아가지만 가깝게는 그의 승진과 직결되어 있었다.

내가 할 수 있는 일은 균형을 잡아주는 것이었다. 그에게 잘 협력할 수 있도록 기울어지는 파트를 살펴 인력을 지원하는 것이 먼저였다. 여러 갈래의 업무를 범주화하고 효율적으로 일할 수 있는 사람을 설득하여 정예화했다. 다른 사람에게 부탁해야 하는 일이나 힘든 일도 혼자서 감당하는 그의 성품을 알았기에 내가 먼저 나서야 할 때가 많았다. 그는 업무 추진과 목표를 향한 평상심을 진득하게 발휘했다.

처음 만났을 때 조용하면서 편안했다. 매일 한나절 이상은 나란히 앉아서 일해야 하는데 좀 자분자분했으면 싶었다. 삼십 대에 남편과 사별하고 아들과 딸을 키우고 있었다. 그와 비슷한 나이에 형부와 사별한 큰언니가 떠올랐다. 그늘진 얼굴은 보이지 않았다. 살림살이도 푼푼했다.

언니의 아들딸도 반듯하게 성인이 되어 사회의 든든한 일원이 되었다. 그럼에도 살얼음판 같은 아픔과 외로움을 가까이서 지켜보았기에 아련함이 더 깊었다. 주변 사람들과 터놓고 얘기하면 좀 가벼워졌을까. 그도 언니도 어쩜 그리 가슴 한 모퉁이에 자물쇠를 걸고 있는 것일까. 많은 말을 주고받으며 한 해를 보냈지만, 가족 얘기는 통 안 했다.

해가 바뀐 어느 봄날 그가 휴가를 신청했다. 아들이 입대한 지 한 달 만에 부모 면회가 있는 날이란다. 누구랑 가는지 어렵게 물었다. 친정 부모님과 형부가 함께 간다고 했다. 딸은 학교 때문에 같이 못 가냐고 물어도 대답이 없었다.

아들의 병영 생활이 그와 나의 새로운 대화 끈이 되었다. 입대시킨 아들과 제대한 아들을 둔 두 엄마의 연대감으로 가족 이야기가 터졌다. 그의 걱정과 나의 경험이 서로 격려하고 위로했다. 딸이 빈에서 고등학교에 다니고 있다는 것도 그때 알았다. 초등학교 이 학년 때 아빠를 잃은 딸은 충격이 컸다. 이모를 엄마처럼 여기며 오스트리아 빈으로 가서 학업을 계속했다. 친정 가족들의 고뇌 어린 배려였다.

그때부터 업무도 탄력이 붙었다. 연이어 큰 프로젝트를 추진하였다. 안건으로 제시되었던 일들이 조금씩 형태를 갖추어 결과로 나타났다. 몇몇 일반화 자료를 도출해내면서 성과도 좋았다. 우리들의 전성시대라고 자부하면서 삼 년간의 업무를 마무리했다. 나는 근무지를 옮겼고, 그도 중간 관리자 단계의 승진으로 자리를 바꿨다. 우리는 안부를 전하고 가끔 만나는 진정한 선후배 사이로 변했다.

그가 아들의 결혼을 알렸다. 청첩장을 받은 지인들이 이제야 그의 남편 부재를 알았다. 나에게 빗발치는 전화로 확인하려 했다. 은은한 향기, 흐트러지지 않은 백합꽃 한 송이로 그를 기억하는 사람은 나만이 아니었다는 것을 새삼 알았다.

아들이 신접살림을 꾸려 미국으로 떠난 후 우리 팀이 다시 만났다. 와인을 마시며 대화가 무르익은 시간에 그가 조심스럽게 명예퇴직 얘기를 꺼냈다. 딸이 빈 의대에서 공부 중이라고 했다. 이모가 귀국하면서 혼자 남게 되어 여간 걱정이 아니라고 덧붙였다. 나는 극구 말렸다. 지금 그렇게 결정하면 반드시 후회하는 시간이 올 거라며 다시 한번 깊이 생각하라고 달랬다.

진정으로 후배가 걱정된다. 딸은 곧 유능한 의사가 될 것이다. 남편을 만나 가정도 이룰 게다. 그럼, 후배는 딸과 함께 계속 살 것인가. 혼자 돌아올 것인가. 그는 내년이면 승진하게 된다. 삼십 년을 넘게 한 길을 달려오며 노력한 목표이기도 하다. 한 기관의 최고경영자로서 정년퇴직하고 난 후 딸을 지원하라고 말린다. 그러고 이 년이 지난 지금이다.

비행기 표만 마련되면 하루빨리 떠난단다. 지금 딸을 돕지 않으면 더 큰 후회가 되지 않겠냐고 반문한다. 딸은 지금 전문의사가 되기 위한 마지막 학기이다. 까다롭기로 소문난 빈 의과대학의 마지막 고비에서 엄마의 지원 요청을 받았다. 거절할 수 없었단다. 정말 그렇다. 순간의 선택이 오랜 시간의 삶을 바꾸는 힘이다. 더 중요한 것을 위하여 평생을 꿈꾸어온 승진을 내려놓을 줄 아는 그가 나보다 한 수 깊은 귀로를 간다.

라디오에서 그가 불렀던 단 한 곡의 음악이 흐른다. 남편을 생각하며 혼자서 얼마나 많이 읊조렸을지 짐작하고도 남는 선율이다. '보낼 줄 알아야 시작도 안다고, 어느 곳에 있어도 다른 삶을 살아도 늘 푸른 나무처럼 항상 변하지 않을, 그대로 있어 준 친구여…' 백합 향 미소가 번진다.

나는 그를 한 송이 백합으로 기억한다. 군림하지 않지만 비굴하지도 않다. 꼿꼿하지만 고개 숙이며 겸손하다. 아들딸의 넉넉한 품이 되고 비바람도 막아준다. 그를 닮은 메모지를 만든다. 엄마로서 보람되고 자신도 인내의 열매가 단단하고 아름답길 기대한다고 쓴다. 딸과 함께하는 시간이 또 다른 꽃으로 거듭나길 마음 보낸다.

다행이다

시계가 밤 아홉 시 반을 지나고 있을 때다. 경비실에서 인터폰이 울린다. 이 시각에 무슨 일일까. 통화 버튼을 누른다.

"경찰관입니다. 바깥분 들어오셨습니까?"

순간 머릿속이 하얘지며 가슴이 방망이질한다. 아무것도 생각나지 않는다. 무슨 일이 일어난 것 같다. 핸드폰과 자동차 열쇠를 챙겨야겠는데 몸이 움직여지지 않는다.

글쓰기 공부 중간쯤이었다. 오전 11시에 후배를 만나 점심 먹고 오겠다는 남편의 문자를 받았다. 수업을 마치고 집으로 돌아오는 길에 두 번째 문자를 받았다.

"J 부장하고 점심 먹고 한잔하며 이야기 중! 방금 최○○와 통화가 되어 양정 근처에서 6시에 만나기로 했음."

'점심때 술을 마셨다면서 저녁에 사람을 또 만난다고?'

나이를 생각해 하루에 한 사람만 만나고 들어오라고 하고 싶은 마음을 꾹 참았다.

저녁이 되었지만, 남편의 귀가가 늦다. 한 번쯤 더 연락이 올 만도 한데 감감무소식이다. '문자를 보내볼까, 전화를 해볼까.' 망설이다 시간이 아홉 시를 넘기고 말았다. 내 예감대로 낮에 전화로 잔

소리가 되더라도 한마디 해둘 것을. 새삼 후회된다. 뒤늦게 내 머리카락을 쥐어뜯고 싶은 심정이다.

어디로 가면 되느냐고 경찰관에게 다급하게 물었다. 지금 아파트 정문 관제소 앞에서 나를 기다리고 있다고 한다. 마음이 급하니 승강기 속도가 거북이걸음이다. 애타는 시간을 건너 저만치 경광등을 번쩍이며 기다리는 경찰차를 향해 뛰었다. 숨을 몰아쉬며 달려가니 여자 경찰관이 내 손을 잡으며 말했다.

"진정하십시오. 위험한 상황은 아닙니다."

"사람이 눈앞에 없는데… 그 말을 어찌 믿습니까."

나는 경찰관의 위로도 믿지 못해 울고 싶은 마음을 억누르며 경찰차에 올라탔다. 나를 태운 경찰차가 이웃한 대학교 후문 오르막길에서 멈추었다. 여자 경찰관이 문을 열어주며 나에게 말했다.

"저쪽 화단 난간에 앉아 있는 분이 남편분 맞습니까."

경찰관이 가리키는 쪽에서 남편이 다른 경찰관 세 사람과 실랑이 중이다. 내가 말없이 다가가 남편 손을 붙잡으니 화들짝 놀란다. 나를 본 순간 남편은 왜 집에 연락했느냐고 경찰관에 고래고래 소리를 질렀다. 순간 화- 하는 술 냄새가 코를 찌른다. 소리치는 남편의 오른쪽 눈 아래로 시뻘건 핏물이 흘러내린다.

'심하게 넘어진 모양이다. 얼마나 놀랐고 쓰릴까.'

망가진 남편의 모습이 가관이다. 허리는 구부정하고 휘청거리는 바지 끝동은 감겨 있어, 예전 꼿꼿하던 그 모습은 이제 어디에서도 찾을 수가 없다. 언제 나이가 이만큼이나 들어버렸을까. 짠한 생각이 들었다.

젊은 경찰관이 남편에게 정중하게 말한다.

"어르신, 구급차 타고 응급실에 가서 머리 쪽과 안과 정밀 검사 받아보셔야지요."

남편은 걱정하는 경찰관에게 나는 아무 이상 없다며 또 큰소리를 친다. 말의 앞뒤가 틀리지는 않지만, 술김에 오기 부리는 말로밖에 들리지 않는다.

"집에 가서 이상이 있으면 밤중에 병원 가기 힘들어요. 지금 같이 가봅시다."

내가 아무리 달래고 부탁해도 막무가내다. 실수해서 돌부리에 걸려 넘어졌을 뿐 정신도 말짱한데 왜 집에까지 연락해서 사람을 오게 하느냐고 계속 경찰관에게 원망의 말을 쏟아낸다. 취중에도 민망하고 면목이 없기는 한 모양이다.

경찰은 남편이 넘어져 일어나지 못하는 것을 보고 지나가던 대학생이 신고해주었다고 했다. 얼마나 심하게 넘어졌으면 지나가던 대학생이 신고까지 했을까. 연민의 눈으로 봐줘야 하지만 생명에 지장이 없다는 생각이 들자, 부아가 났다.

내가 보기에는 경찰차 두 대에 경찰관 다섯 명이 출동한 대사건이다. 그런데도 남편은 아무렇지 않다고 우기고 있다. 그런 남편을 보고 있는 내 마음이 어떨지 남들은 짐작도 못 할 것이다.

경찰차를 타고 올 때만 해도 별의별 생각이 다 들어, 제발 목숨만 잘 부지하고 있었으면 좋겠다며 수백 번 기도하며 관세음보살을 불렀다. 그런데 남편은 얼굴의 상처에도 불구하고 경찰관에게 큰소리 뻥뻥 치는 모습이라니. 마음이 부글거려 도무지 진정되지 않는다. 경찰관에게 제가 집으로 모셔 갈 테니 돌아가시라고 한 뒤 내 인적 사항을 모두 건넸다.

"죽으려면 조용히 죽지. 왜 사람 놀라게 하고 동네 시끄럽게 해요."

경찰차 두 대가 멀어졌을 때 남편의 손을 잡고 걸으며 내 독설이 시작되었다. 있는 말 없는 말로 잔소리를 퍼부었다. 조용히 위로하며 고마운 마음으로 집으로 와도 감지덕지인데 안타까운 마음은 새 눈물만큼도 남아 있지 않다.

집으로 올라오는 길모퉁이를 돌면서 남편의 어깃장이 시작되었다. 바비큐 맥줏집 앞에서 같이 한잔하고 가자며 내 손을 이끈다. 내가 싫다 하면 혼자라도 마시겠단다. 덩치로도 힘으로도 이길 수 없다. 술 취한 이성에 말로 당할 수 있는 사람이 어디 있을까.

한 가지 극약처방은 있다.

"J 부장에게 전화해요? 왜 사람을 불러내서 이 꼴로 만들어놓았느냐고 따져봐야겠어."

나는 핸드폰을 꺼내 모임 밴드에 저장된 J 부장 전화번호를 누르겠다며 협박한다. 그제야 남편과 대화가 부드럽게 이어진다.

"내가 좋아서 불러내어 이 후배와 한잔 저 후배와 한잔, 아주 기분 좋게 마셔서 오늘 기분이 최고요. 내가 만든 일이지 J 부장이 불러낸 것 아니오. 바로 집으로 갈 테니 전화하지 마시오."

중언부언하면서 내 핸드폰을 뺏으려 한다. 우리 두 사람의 추태를 남들이 보면 뭐라고 할지….

삶은 누구에게나 공평하게 다 외로울 고孤 자와 친구 하며 산다. 나이 들면 형제자매도 친구도 적당한 거리를 유지하게 되어서 가끔의 외로움은 감내하며 살아야 한다. 좋아하는 선후배 다 만나고 가까이하면서 기분대로 살면 운명을 대적할 수 있겠냐고 내가 넋두리했다. 생각나는 말을 나오는 대로 내뱉으며 그와 나의 마음에 생채기를 내니 취중에도 그런 말이 어디 있느냐며 짐짓 놀란다.

 삶이 만들어가는 것이라면 절주와 자기관리도 스스로 욕심내면 좋을 텐데. 남편과 나에게 남아 있는 날들이 함께하는 사람들과 어우러져 보람되고 행복한 시간이길 소망하는 요즈음이다. 그러기 위해서 내가 잘못하고 있는 것은 없을까. 짧지 않은 세월을 함께 살아놓고도 불쑥 미운 마음이 드는 것은 왜일까. 남편이 하는 일 중에 소중한 일이 많은데도 자주 남편이 못마땅하고 싫은 것은 왜일까.

 우리는 무엇이 중요한지 우선순위를 매긴 뒤 더 중요하다고 생각되는 일을 위해 하루하루를 꾸린다. 나는 정말 소중한 것을 위해 무엇을 하고 있는지. 남편 상처에 연고를 바르고 흉터 방지 재생 반창고를 떡 붙이듯 붙였다. 정신없이 잠든 남편의 코 고는 소리 들으며 내가 쏟아내었던 악다구니가 내 가슴속에서 웅얼거린다.

 '다행이다, 정말 다행이다! 모두 감사합니다.'

 날이 밝으면 병원에 가서 머리 쪽 정밀 검사를 받아봐야겠다. 그보다 먼저 재생 반창고와 강력 소독제를 한 번 더 발라주어야겠다. 남편의 눈두덩에 붉은 진물 자국이 짙다. 시간이 지나면 쓰리고 아팠던 상처에 딱지가 앉으며 아물 신호를 보내올 것이다.

 둘이 함께한 세월이 재생 반창고 속으로 파고들며 숙성되는 깊은 밤이다.

어린 왕자를 만나다

　나는 지난 추석 연휴에 어린 왕자를 또 만났다. 사흘 동안 그와 함께 한 여행에 푹 빠졌다. 열 손가락으로 『어린 왕자』 전곡全曲을 하얀 캔버스 화면에 서른여덟 페이지 빼곡히 심었다.

　『어린 왕자』는 어린이였던 어른에게 바치는 소설이다. 어릴 적 순수했던 화자인 나는 어린 왕자와 동일시된다. 보아뱀 속의 코끼리를 보는 나의 능력과 상자 속의 양을 보는 어린 왕자의 능력은 같은 존재다. 보이지 않는 것의 가치를 알고 그것에 마음이 움직이는 순수하고 상상력 풍부한 존재였던 내가 성장하며 보이는 것에 가치를 두는 삶을 살다가 어릴 적 나를 만난다.

　나와 어린 왕자를 좀 더 가까이에서 보자. 나도 어린 시절에는 눈에 보이지 않는 것을 상상하는 아이였다. 관점을 바꾸어 상상을 잘하며 상상을 그대로 나타내기를 좋아한다. 어른은 실용적인 것을 좋아한다. 어른들은 무엇을 물어도 숫자를 좋아하며 정작 중요한 것은 묻지 않는다. 어릴 적 화자는 자기만의 독특한 생각으로 사물을 해석해서 그림을 그렸는데 어른들은 무시했다. 어른이 되어 사막에서 만난 어린 왕자가 양을 그려달라 했을 때 상자 속의 양에 만족하는 나를 본다. 왕자는 보아뱀 그림을 싫어한다. 어릴 적 화자의 안 좋았던 기억을 염두에 둔 것이 아닐까? 어린 왕자는 어른이 되지 않은 순수한 나의 어릴 적 투영이다.

글을 쓰는 출발점은 비행기가 사막에 불시착한 작가의 시점이다. 이 조종사가 어떤 생각으로 고난을 헤치고 죽음의 구렁텅이에서 회생하는지 장면을 그려보자. 조종사는 어른이다. 사고로 사막에 불시착한다. 식수는 단 일주일분밖에 없다. 숫자를 존중하는 어른이면 '나'는 살아날 희망보다 절망이 더 크다. 그런데 화자는 어릴 때 보아뱀을 그린 기억으로 순수한 어린 자아가 되살아나 '양'을 그려달라는 어린 왕자를 만나게 된다.

> 나는 이렇게 진심을 털어놓고 이야기할 사람도 없이 혼자 살아오던 끝에, 여섯 해 전, 사하라 사막에서 비행기 사고를 만났다. - 어린 왕자, 황현산 옮김, 10:01

> 어린 왕자가 있었다는 증거는 그 애가 정말 멋진 아이였다는 것이고, 그 애가 웃었다는 것이고, 그 애가 양을 갖고 싶어 했다는 것이다. 누군가가 양을 갖고 싶어 한다면, 그것은 그 사람이 살아 있다는 증거다. - 21:08

병들면 안 돼. 늙어서도 안 돼. 어린 자아는 건강하게 오래 살고 싶다는 희망을 자기 자아와 속삭인다. 상자 속의 양은 온갖 상상을 할 수 있는 희망이다. 어린 자아와 현실의 자아가 대화하며 결국은 회생하는 희망적인 이야기다. 명료하고도 짧은 문장으로 어른이 된 비행 조종사 나와 어릴 적 나인 어린 왕자의 이야기를 엮어간다.

상자 속의 양은 상상들이다. 사물에 이미지를 담으면 사물을 볼 때마다 그 이미지가 떠오른다. 청소년 시기에 나는 달을 엄마 보듯 했다. 지금도 둥근달을 만나면 엄마를 만난 듯 속삭인다. 어린 왕자가 상자 속의 양을 보고 기르듯이 나도 어릴 때는 보아뱀 안에 있는 코끼리가 보였다. 지금은 상자 속의 양이 보이지 않는다. 심지어 '상자 속에는 양이 없어. 단지 그림일 뿐'이라고 왕자에게 가르치려 든다. 그것이 진실이라 믿고, 아이들의 꿈속에 있는 코끼리나 양을 지우려 든다. 순수해지고 싶으나, 될까?

> 그러나 불행하게도 나는 상자를 꿰뚫고 그 속에 있는 양을 볼 줄 모른다. 어쩌면 나도 얼마큼은 어른들처럼 되어버린 것은 아닌지, 아마도 늙어버렸나 보다. - 22:19

상자 안의 양은 절망을 헤쳐 나갈 수 있는 원동력이다. 비행기 사고가 난 지금 상황에 빠지지 않고 살아남기 위한 희망이며 대화를 시작하여 마음을 푸는 상자다. 이 글을 끌고 가는 서사의 주체다.

눈에 보이지 않는 것이 얼마나 중요한가. 왕이나 허영쟁이, 술꾼, 사업가, 가로등 켜는 사람은 우리 주변에서 늘 만나는 사람이기도 하지만 주변에 있는 사람에게 내가 그런 모습을 보이기도 한다. 여행하면서 화자인 나와 어린 왕자가 추구하는 삶은 경험을 사는買 것이다. 경험을 사는 것 중 우리를 가장 성장하게 하는 것은 어린 왕자처럼 여러 별을 여행하는 것이다.

'길든다'라는 것은, 내가 맞이하는 상황이나 사람을 인정하고 서로 받아들일 때이다. 상대의 권위와 품격에 공감하고 이끌리면 저절로 따라가게 된다. 권력이나 압박과 기만에 어쩔 수 없어 머리 숙이게 되는 상황은 어그러진 관계를 만들 뿐이다. 네가 나를 길들인다면 우리는 서로 필요하게 된다. 너는 나한테 이 세상에 하나밖에 없는 것이 되고, 나는 너한테 세상에 하나밖에 없는 존재가 된다는 것을 여우에게 배운다. 어린 왕자는 함께하는 시간을 많이 가져야 좋은 관계를 만든다고 일러준다.

왕자의 여행은 이 세상 사람들을 두루 만나는 여행이다. 우리는 누구나 자기의 작은 별을 갖고 있다. 여기서 만나는 사람들은 인간의 욕망, 혹은 허망한 욕심을 보여준다. 누구나 권력을 갖고 싶어 하며 자신을 중심 삼고 싶어 한다. 나의 부끄러운 행동을 잊으려고 더 부끄러운 일에 빠진다. 눈에 보이는 것은 모두 갖고 싶어 한다. 가로등 켜는 남자는 같은 일을 평생 하면서 살아온 내 모습을 닮았다. 사십여 년 같은 일을 보람된 천직이라 생각하고 해왔다. 가로등을 더 이상 켜지 않을 수 있을까?

> 다섯 번째 별은 아주 신기했다. 그 별들 가운데서 가장 작은 별이었다. 가로등 하나와 가로등 켜는 사람 하나가 들어설 만한 자리밖에 없었다. - 59:01

> 적어도 그가 하는 일에는 어떤 의미가 있어, 그가 가로등에 불을 켜면 별 하나나 꽃 한 송이를 새로 태어나게 하는 것과 같은 거야. 그가 가로등을 끄면 꽃이나 별을 잠재우는 거야, 아주 재미있는 일인데. 재미있으니까 정말 유익한 것이지. - 59:07

어린 왕자는 더 멀리 여행을 떠나며 생각했다. '이 사람은 다른 사람들, 왕이

> 나 허영쟁이나 술꾼이나 사업가한테 업신여김을 받을 거야, 그렇지만 내가 보기엔 우스꽝스럽지 않은 사람은 이 사람뿐이야, 그건 아마 이 사람이 저 자신이 아닌 다른 것에 정성을 들이고 있기 때문일 거야.' - 62:21

화자가 그려준 상자 속의 양이 되어서, 때로는 그런 양을 찾아서 유한한 삶에 의미를 더해보자. 경험만큼 중요한 것은 없다. 직접적이든 간접적이든 여행의 맛은 깊고, 충전의 기회가 된다. 자기 아닌 것과 관계를 맺는 것이다. 내 인생에서 나에게 길들여진, 나를 길들인 대상을 생각해본다. 내게 투정 부리는 장미꽃과 좋은 가르침을 주는 여우는 소중한 주변 사람들이다. 간혹 불편할 때도 있지만 서로 길든 사이다.

> 네가 나를 길들인다면 우리는 서로 필요하게 되지, 너는 나한테 이 세상에 하나밖에 없는 것이 될 거야, 나는 너한테 이 세상에 하나밖에 없는 것이 될 거고…. - 85:02

> 가령 오후 4시에 네가 온다면 나는 3시부터 행복해지기 시작할 거야, 시간이 갈수록 난 더 행복해질 거야, 4시가 되면, 벌써, 나는 안달이 나서 안절부절못하게 될 거야, 난 행복의 대가가 무엇인지 알게 될 거야! 그러나 네가 아무 때나 온다면, 몇 시에 마음을 준비해야 할지 알 수 없을 거야…. - 87:04

어린 왕자가 일곱 번째로 지구별에 여행 왔다. 한번 질문을 하면 절대로 포기한 적이 없는 어린 왕자는 되풀이해 물었다.

별 이상한 별이 다 있네! 아주 메마르고 아주 날카롭고 아주 각박한 별이야. 게다가 사람들은 상상력이 없어, 말을 해주면 그 말을 되풀이하고…. - 79:13

하늘을 바라보라, 그리고 마음속으로 물어보라, 양이 그 꽃을 먹었을까, 먹지 않았을까? 그러면 모든 것이 얼마나 달라지는지 알게 될 것이다….
그런데 어느 어른도 이게 그토록 중요하다는 것을 결코 이해하지 못하리라!
- 117:11

    절망적인 상황 속에서 상상하지 않는다면 희망도 없다. 어릴 적 순수했던 화자도 자라면서 실용적인 사람이 되었다. 불시착한 사막에서는 과학적 지식이나 기술도 소용이 없다. '상자 속의 양'은 상상 속에서 모든 것이 가능한 멋진 양이다. 비행기를 고치는 데는 문제가 있으나 양을 기르는 데는 문제가 없었다.
    어린 왕자의 여행에 동행하며 삶의 맛과 멋에 빠져보자.

4부

검은 고독 흰 고독
- 남미 여행 35일을 기록하다

검은 고독 흰 고독
잉카 문명의 성지 페루
우유니 사막을 품은 케이블카의 나라 볼리비아
아르헨티나 대평원을 지나다
델 파이네 국립공원과 페리토 모레노 빙하의 나라 칠레
다시 밟은 트레킹의 성지 엘 찰텐과 탱고의 나라 아르헨티나
세상의 끝 우수아이아
아르헨티나와 브라질 국경을 수놓는 이구아수 폭포
금정산 품으로 돌아오다

검은 고독 흰 고독

코로나19 팬데믹으로 미루어졌던 남미 여행을 떠난다. 인천공항에 도착하여 최 팀장에게 알리고 여행 단체 톡에 가입했다. A 카운터에서 항공권 발권 후 채 대표와 김 인솔자를 만났다. 나는 스틱을 여행사 큰 가방에 맡겼는데 남편은 캐리어에 깊이 넣어서 그대로 실어 보냈다.

비즈니스석 탑승을 놓고 남편과 조율하느라 열흘이 걸렸다. 항공권 가격이 점점 올랐다. 안내서에는 630만 원부터였는데….

긴 비행시간 피로가 여행의 성공을 가늠한다. 선택이 중요하다. 실랑이가 있었지만, 선택은 좋았다. 비행시간이 힘들거나 지루하지 않았다. 다음 식사가 기다려지기도 했다. 세련된 파우치에 빗, 칫솔, 보디로션, 핸드크림, 기내 양말, 구두 손과 립밤, 치약과 안대가 들어 있다. 꼭 필요한 물품이 손에 있어 마음도 편안했다.

- 2023. 03. 08. 수, 여행 제1일

잉카 문명의 성지 페루

　LA 공항에 도착해 리마행을 따라가던 대열이 끊겼다. 손에 들고 있던 화장품을 캐리어에 넣는다고 멈칫했는데 앞사람을 놓쳐버렸다. 서울에서 온 두 부부와 우리 부부, 여섯 사람이 대열을 따라가지 못했다.

　로밍은 했으나 아직 연결되지 않았고 채 대표에게 문자를 보냈지만 송신되지 않는다. 당황하여 이 사람 저 사람에게 길을 묻는다. 그 사이 리마행 짐 부치는 창구가 닫힌다. 우리는 처음부터 다시 시작해야 한다. 김 인솔자가 바로 앞서가면서도 뒤따르는 우리를 챙기지 않아 섭섭했다.

　채 대표에게 여행 첫날부터 이렇게 하시냐며 쓴소리했다. LA 공항에서 다시 검역대 통과하는 절차가 까다로웠다. 무선 자판기 때문에 내 짐이 붙잡혔다. 노트북이 아니라서 잠시 뒤에 풀려났지만, 비행기 환승에 조바심이 났다.

　채 대표가 몇 년 만에 LA 공항에 오는 길이라 공항 내부 구조와 절차가 바뀌어 잠시 착각했다며 사과한다. 카페에 들러서 커피도 주문하고 물도 산다. 한 달 동안 함께 여행할 건데 편안하게 하자며 서울에서 온 송 부부가 웃는 바람에 더할 말이 없었다. 남편이 앞에서 인솔하고 뒤에서도 챙기며 여행하자고 제안했다. 여행 첫날부터 언짢은 일로 검은 고독이 밀려온다.

스무 시간 비행 끝에 페루 수도 리마다. 도시의 중심인 산마르틴 광장, 대성당, 아르마트 마요르 중앙광장, 수도원의 아라베스크 양식과 이슬람문화의 카타콤catacomb을 둘러본다.

수도원 카타콤에 정강이뼈와 해골 무더기가 고스란히 안치되어 있다. 남편에게 부탁하여 사진을 찍었다. 삶을 깊이 성찰하고 되짚어볼 수 있는 자료라서 좋은 글감이었다. 호텔에 돌아와서 사진 보려는데 오싹해서 금방 지워버렸다는 것이다. 나와 생각이 달랐다. 섭섭했지만 다투지 않고 여행을 마무리하겠다는 다짐을 떠올리며 마음을 눌렀다.

남미는 'SALIDA'가 비상구 표시다. 우리말 '살리다'로 발음되는 비상구가 의미 깊다. 새로운 경험을 얻기 위하여 나선 35일 일정이 무사하고 의미 있게 마무리되길 다진다. 행복 충전을 위해서 건강 관리가 중요하다. 잉카 문명의 본산인 페루의 리마 IHG 호텔에 투숙했다.

- 2023. 03. 09. 목, 여행 제2일

세계에서 제일 긴 판 아메리카 고속도로를 달려 사막 도시 이까로 간다. 페루는 감자 농사를 짓기 시작한 땅이다. 감자와 옥수수를 먹기 시작하면서 인구가 폭발했다. 경제 규모가 커지고 신대륙도 발견했다. 감자와 옥수수가 유럽을 구했지만, 유럽은 남미에 천연두를 전했다. 우주인 식량으로 유명한 퀴노아도 페루 고원지대 곡물이다.

크루즈를 타고 작은 갈라파고스라 불리는 바에스타스섬을 본다. 물개, 물고기, 바다 사슴, 왕 가마우지, 훔볼트 펭귄이 집단 서식하는 무인도다. 바다 사슴 유치원이 인상적이다. 어미가 새끼에게 생존 전략과 수영을 시범 보이는 장면이 사람 같다.

오후는 우아카치나 사막 투어다. 버기카를 타고 사막 언덕으로 달린다. 남편은 모래 썰매를 타지 않았다. 여행 초기라 안전에 더 신경 쓴다. 나는 여러 번 모래 썰매 스릴을 즐겼다.

노을이 물들자, 모래 언덕을 걸어서 사방으로 흩어진다. 노을 물든 사막 풍경을 조망하며 명상하는 자유 시간이다. 모래가 너무 부드러워 발자국 뗄 때마다 흘러내린다. 뒤꿈치에 힘을 실어 걸어야 하는데 옮길 때마다 뒤뚱거리기만 한다. 배경이 좋아 연거푸 샷을 누른다. 벌써 옆 일행과 친근해져 서로 뒷모습까지 찍어주기도 한다. 우리 부부는 노을을 바라보며 조용하다. 나만의 여행을 오롯이 즐기고 음미한다.

오랫동안 생각하고 계획하여 출발한 긴 여행이라 남편과 의견 충돌 없이 서로를 존중하는 여행이길 다짐하며 나를 세뇌한다. 충분히 의미 있고 편안한 시간을!

- 2023. 03. 10. 금, 여행 제3일

아침 일찍 사막 지역인 우아카치나 호텔 옆 오아시스 호수를 한 바퀴 산책한다, 현지인과 얘기를 나누며 친구 되어 함께 걷는다. 김 인솔자가 전통 시장에서 사 온 망고 파티도 연다.

오전에 서울 넓이와 비슷한 나스카 선상 문화 항공 투어이다. 나스카 문화는 선사 시대 원시인이 작대기로 파서 그린 그림이 남겨진 지역이다. 평생을 연구한 라이첼 박사는 나스카 선상 문화를 천문 달력으로 본다. 두 시간 정도 비행하며 불가사의한 고대 인류의 흔적을 살핀다. 스마트폰으로 동영상을 찍으려다 중간에 어지럽고 멀미가 나서 포기다.

자연 그대로, 고대부터 있어온 상태로 보존된 것 같지 않다. 관광 수입 극대화를 위하여 사람의 손길이 닿은 듯한 모습이 문외한인 내 눈에도 보인다. 몇몇 구역의 선상 그림 형체에 인공의 손길이 두드러져 너무 아쉽다. 자본주의 사회구조로 변한 현대 문명이 고대사회 문명의 숭고한 업적을 무색하게 만드는 야누스적 측면에 마음이 허탈해 잠시 흰 고독에 잠긴다. 헬리콥터 내릴 때 '나스카 선상 문화 탐험' 비행 증서도 받았다. 자세히 읽어봐야겠다.

- 2023. 03. 11. 토, 여행 제4일

'잉카'는 유일한 왕이라는 뜻이다. 정복 전쟁과 중앙집권적 왕권 확립을 꿈꾼 페루의 역사 건축가는 쿠스코 9대 왕 파차쿠텍이다. 창카를 정복하고 문명 제국을 꿈꾸며 철저한 공산주의 집단농장 기반으로 왕국을 이끌었다.

나스카에서 하루 일정을 끝내고 이동 중에 갑자기 2호 차 배터리가 퍼져 움직일 수 없다. 1호 차로 옮겨 타면 캐리어와 사람의 무게를 견딜 수 없어 좌석 여유는 있지만 어렵단다. 우리 여행단이 스물네 명인데 왜 대형 버스를 두 대나 운용하는지 이제야 이해된다. 엔진 소리가 유난히 요란하다. 아마도 중고차를 운전하는 것 아닐까.

도로도 거의 비포장이었다. 운전기사가 배터리 고장으로 지체되어 마음 쓰였는지 바쁜 운전을 하다 마주 오는 오토바이와 접촉 사고가 났다. 우리에게 아무런 설명도 없이 뛰어내려 오토바이 운전자와 옥신각신 실랑이가 벌어져 한참 또 늦어졌다.

지치고 배도 고프고 지루한 시간이다. 도대체 우리를 어느 시골 구석으로 데리고 가는 것일까. 시간이 지체되는 와중에 1호 차를 인솔했던 채 대표가 우리 차로 왔다. 이런 시골길 뒤에 놀라운 광경이 눈에 들어올 것이라는 혼잣말을 한다.

차 한 대 겨우 들어갈 수 있는 촌길로 계속 들어간다. 경운기를 개조한 농촌 차가 길을 막는다. 운전사가 길게 경적을 울리자, 경운기 운전자가 나와서 밭 귀퉁이로 차를 옮겨준다. 우리 버스는 머리를 두 번이나 수정하여 가까스로 외길로 접어들어 10분 정도 더 들어가 멈춘다. 높은 나무문이 삐걱 열리더니 종업원이 나와 정중하게 인사를 한다.

문 안쪽은 별천지다. 정원이 잘 정비되어 깨끗하고 넓은 오성급 호텔이다. 기대하지 않았던 우리 얼굴에 환호성과 웃음이 퍼진다. 반전의 즐거움!

- 2023. 03. 12. 일, 여행 제5일

금정산의 정기가 잉카제국의 기상과 만난다. 우리 교포가 운영하는 쿠스코 사랑채 한식집이다. 흰쌀밥에 된장과 김치찌개, 소고기와 돼지고기볶음에 편안한 점심을 먹었다. 사랑채에서 나오면 곧장 성당 광장이다. 광장에서 라마와 알파카를 모델로 사진을 찍었다. 스페인 알람브라궁전에서 바라본 도시의 모습과 닮았다. 세상의 끝에서 만난 잉카의 문명에 현지 가이드의 열정과 민족혼을 담은 해설에 얼굴을 돌릴 수가 없었다.

풍경이 좋다. 기적 소리가 마추픽추 입성을 신고한다. 구름이 하늘로 날고 음악도 실려 간다. 계속해서 들려오는 페루 전통 음악에 맘이 흥겹다. 열차 한 대 지나는 철길 양편으로 해발 삼사천 미터의 안데스산맥이 펼쳐지고 흙탕물 굽이굽이 열차와 함께 달린다.

겹겹이 세월의 옷을 입고 자란 선인장이 오렌지색 열매를 단 모습도 이국적이다. 내 옆에는 남편이, 맞은편에는 서울 신 교수 부부가 앉았다. 전 좌석이 마주 앉는 4인석 구조라 가족 분위기다. 서로의 거리가 친화력과 비례한다. 여행길에서는 더욱 그렇다.

꿈에 그리던 마추픽추로 간다. 최 사진작가 '마추픽추' 손 글씨로 집집이 즉석 사진 한 카드씩 선물 받았다. 며느리가 남미 여행 축하 선물로 만들어줬다고 자랑한다. 여행 기간 내내 작품 사진 찍어주겠다는 말에 잔뜩 기대된다. '철새는 날아가고' 들으며 한 시간 반을 달린다고 했는데 시간을 아끼고 싶다. 리마 산봉우리는 검고 눈가루 덮인 바위산이었는데 초록 봉우리 펼쳐진 마추픽추로 달리는 열차는 보헤미안 낭만을 자극할 만하다. 해발 삼천팔백 미터다.

오얀타이탐보 마을에 내려 오전 아홉 시 반부터 고도와 싸우며 종일 걷는다. 오후 다섯 시 가까워서야 멀리 마추픽추 석조건축물이 보인다. 장관이다. 눈물이 핑 돈다. 남편이 내 앞서 걷는다. 자기 속도로 끙끙대며 걸으면서 푸념이 길다.

모두 퇴장해야 하는 오후 다섯 시다. 사람 없어 조용한 마추픽추를 볼 수 있는 것은 대단한 축복이라며 바쁘게 사진 찍느라 야단이다. 채 대표께 부탁하여 완주를 기념하는 단체 인증 사진도 남긴다.

현지 가이드가 쫓아와서 마지막 버스를 타려면 지금 내려가야 한다고 다잡는다. 급히 정류소로 내려와 줄을 섰는데 남편과 만나기도 전에 밀려서 버스에 올랐다. 서울 정 선생님 옆자리에 앉았다. 버스가 급경사 내리막으로 달려 내려가는 느낌이 백두산 짚 탔을 때와 흡사하다. 남편에게 먼저 출발한다고 연락했더니 다음 차를 탔다는 답이 왔다. 안심이다.

오랜 시간 너덜경을 걸었다. 높은 고도에 적응하느라 모두 넌더리가 났다. 서울에서 온 원 선생님이 남편 옆에서 식사량을 조절하면 다이어트 된다며 우회적으로 남편을 조언했다. 그런 말을 관심 있게 들을 것 같지 않아 웃음이 났다.

- 2023. 03. 13. 월, 여행 제6일

오늘도 마추픽추를 찬찬히 둘러보기 위해 우르밤바 강을 따라 출발한다. 여기는 아직도 재래시장에서 물물교환이 이루어진다. 차 속에서 시장 풍경이 보인다. 이십 년 전만 해도 라마가 짐을 날랐단다. 최대 적재량 이십 킬로그램으로 잉카 최고 짐꾼이 라마다.

어제 여덟 시간 걸어 정복했던 마추픽추를 오늘은 반대 방향인 우르밤바에서 버스를 타고 올라왔다. 마추픽추 석벽 건축물 내부를 걷는다. 와이나픽추 정상에서 돋보기로 태양 빛을 모아 우물이 있는 마추픽추 성화대로 내려준다고 설명한다. 태양의 후예답게 모든 생활이 태양 중심으로 엮어진 왕국이다.

외적의 침입을 막기 위해 해발 사천 미터에 가까운 마추픽추에 석조건축물을 세우고 겹겹 계단식 농작물 수확으로 자주국방을 수호했다. 삼십 분을 걸어 들어간 잉카 브리지는 아찔한 협곡으로 이어졌다. 왕국에 위기가 닥치면 이 절벽 아래로 피난하여 해양으로 나아갈 수 있는 통로였다.

잉카 브리지를 돌아 나와 두 팀으로 나뉜다. 일 군은 와이나픽추 등정을 한다. 한 번에 쉰 명씩만 입장할 수 있어 예약은 필수다. 비가 내려 입장이 통제되는 바람에 한 시간을 기다린다. 자연현상으로 입장이 취소되면 입장료를 돌려주지 않는다는 안내 방송도 한다. 애태우는 시간이 지나고 거짓말같이 구름이 걷힌다. 와이나픽추 관리사무소가 문을 열고 신분과 일정을 일일이 기록하고 등정이 시작된다.

한 발 한 발 내딛기가 아찔하다. 오르는 길은 한 시간 반 거리인데 급경사라 산 벽을 붙잡고 외줄 타듯 앞뒤를 살피며 걷는다. 우리 일행 스물네 사람 중 열한 사람이 팀이다. 정상에 올라서서 바라본 마추픽추는 구름 속에서 보였다 숨었다 한다. 순간순간 티 한 점 없는 마추픽추를 와이나픽추에서 바라본 정경은 과연 인류가 남긴 흔적이 맞을까 싶다. 당시 생활공간이었던 석벽 건축물이 계단식 농경지와 미로 속에 오래도록 존속할 수 있는 천혜의 요새라 더 놀랍다.

내려올 때는 다리가 떨리고 미끄러질 것 같은 긴장이 계속된다. 와이나픽추 정상을 밟았다는 희열과 연대감으로 끈끈한 동지가 된 열한 사람이 서로 의지하며 한 걸음씩 옮겼다. 죽을힘 다해 걸어 내려온 주차장에서 기다리던 일행과 만나 마라톤 금메달리스트처럼 환영받았다. 무엇과도 비교할 수 없는 영광스러운 등정 체험으로 울컥했다. 와이나픽추 정상에 남긴 내 발자취의 의미가 충만할 앞으로의 날을 생각한다.

- 2023. 03. 14. 화, 여행 제7일

마추픽추와 와이나픽추 전경

  정오에 마라스 전통 소금밭과 모라이 원형 테라스 유적을 둘러본다. 아르헨티나 전설을 영화화한 '나자리노'를 들으며 신작로 비탈길을 따라 걷는다. 귓전에 감도는 음악 선율이 경치와 분위기를 살린다. 마음이 경치를 모두 삼키면서 고도 적응의 어려움을 잊는다.
  왼편이 모라이 원형 계단식 농경지다. 돌을 땅에 박거나 쌓아 만든 수로인 모라이 유적지는 계단식 축대가 수로 시설 역할까지 한다. 층층이 습도와 기온에 알맞은 씨앗을 뿌리고 수확하면서 고산지대 농사를 지어 식량 자급자족을 실현할 수 있었다. 잉카문명 지혜의 진수다. 오른편은 마라스 천연 소금밭이다. 염전이 조각조각 피카소의 추상화처럼 절대 조형 감각으로 펼쳐져 감탄을 자아낸다. 해발 삼천오백 미터에 천연 염전이 즐비하다. 옛날 언제쯤 여기가 바다였다는 증거다.
  마라스 염전 언덕은 용설란이 비탈 곳곳에 집채만 한 크기로 버티고 있다. 백 년에 한 번 꽃을 피우고 나면 고사한다는 용설란의 생태도 처음 듣는다. 긴 줄기에 꽃대 켜켜이 꽃송이 매단 채로 고꾸라져 고사해가는 모습이 처연하다. 생명을 가진 것은 모두 사라져간다. 백 년 동안 척박한 땅에서 꿋꿋하게 생존하다 찬란한 꽃을 피우고 자연으로 돌아간다. 사람보다 못할 것이 없다. 용설란 꽃대의 한살이를 되새기며 뚜벅뚜벅 걷는다. 나는 무엇을 꽃피우며 어떻게 아름다운 결정체를 만들어가는지 음미하는 시간이다.

레스토랑에 도착했다. 건물 뒤쪽은 안데스산맥 황토 절벽이 우뚝 솟았다. 우르밤바 황토물 흐르는 강변의 초원 무대에서 중년 악사 일인 다역 공연을 보며 점심을 먹는다. 우리 일행은 이곳 우르밤바에서 하루를 지내며 고도 적응 후 쿠스코로 다시 이동한다.

- 2023. 03. 15. 수, 여행 제8일

쿠스코다. 잉카제국의 성전인 삭사이와만 석벽을 둘러본다. 거대한 크기의 돌을 아귀 맞는 각도로 어떻게 쌓았는지 불가사의라고 설명한다. 태양신과 소통하는 퓨마 신을 숭상하는 지역이다. 세기를 넘어선 기氣가 모인 잉카의 몬조나이트 벽돌 아래 앉아서 명상에 잠긴다. 관광객들이 몇 명씩 둘러앉아서 명상에 잠긴 모습이 숙연하다. 해발 사천여 미터라 고산증세로 머리가 어질어질했는데 명상 시간 후에 싹 가신다.

쿠스코 시내가 선명한 파노라마 전경으로 눈에 들어온다. 도심 구성이 퓨마 형상이다. 잠시 영상 촬영도 했다. 코로나 팬데믹으로 삼 년간 관광 사업이 멈추면서 하늘이 맑아졌다. 사용하는 연료 질이 떨어져 관광 시즌에는 뿌옇게 흐려진 도심지를 한눈에 조망할 수 없었다. 남편은 성전 주변 한 바퀴 산책하는 시간에 쉬었다. 체하고 설사하는 고산 증세는 점점 좋아지고 있다.

우유니 사막을 품은 케이블카의 나라 볼리비아

이제 우리는 볼리비아로 간다. 비행기에 마지막으로 탑승한 엄마와 예닐곱 살 아들이 지나가며 내 어깨를 잡는다. 처음엔 몰랐는데 나와 점퍼 색깔이 같아서 반갑다는 말이다. 내가 알아차리고 손을 내밀자 반갑게 악수한다. 언어와 피부색이 다르고 나이가 달라도 마음이 통하는 여행길이다. 공항에서 현지 가이드와도 마음 나눈다. 열심히 설명하고 사진도 찍어줘서 고마운 마음 가득하다.

아침에 대구 김 부부에게 공진단 네 알을 드렸다. 사모님이 고산증세로 고생이 심해서 도움이 되었으면 하는 마음이었다. 오후에 비행기 탑승할 때 공진단 덕택에 컨디션이 좋아졌다는 말을 들어서 감사했다. 끝까지 좋은 여행 도반으로 행복 쌓길 바랐다. 공항 편의점에서 맥도널드 콤보스와 맥크리스피로 저녁을 먹었다. 대구 부부가 계산했다.

- 2023. 03. 16. 목, 여행 제9일

새벽 두 시에 해발 사천 미터 안데스 고원지대를 버스로 달렸다. 모포로 몸을 감싼 후 빈 좌석에 누워 핫팩을 등과 배에 붙이고 양손에도 쥐었지만, 추위와 싸우느라 고생했다. 볼리비아 라파스 공항에서 로사노 타고 푸노 지역 코파카바나 선창에 왔다.

티티카카호 바지선에 버스를 올려 건너야 섬에 닿는다. 잔잔한 호수 동쪽 삼분의 일은 페루고 나머지는 볼리비아 지역이다. 지구에서 제일 높은 위도에 숨어 있던 티티카카 호수가 어둠 속에서 서서히 모습을 드러낸다. 잔잔한 호수에 수십 척의 배가 떠 있고 배를 맞이할 재래식 포구의 나무판자에 말뚝 박아 만든 길이 고즈넉하다.

새벽 네 시, 호텔에 도착했다. 뜨거운 샤워로 피로를 풀고 짧은 잠을 잤다. 오전에 크루즈 타고 호수를 둘러본다. 태양 섬 기슭에 있는 고고학 유적지 삘꼬가이나 신전에 내린다. 호수면 가까이부터 산꼭대기까지 계단식 밭에 농작물이 자라고 있다. 멀리서 바라보면 섬 전체가 초록 모자 같다. 원주민들이 모두 공동 작업으로 지금도 계단 축을 쌓고 있다. 남성들은 축을 쌓고 여성들과 아이들은 자기 힘에 맞는 돌덩이를 머리에 이고 지고 나른다. 공동체 생활이 그들의 원칙이다.

신전을 내려와 태양 섬 선착장으로 뱃머리를 돌린다. 제주 네 배, 서울 열여섯 배 크기의 섬이다. 포구에 내려서자, 정상까지 이어진 일직선 돌계단이 눈에 확 들어온다. 관광객을 환영하는 태양 섬 고유 문양의 문지기 조각이 버티고 서서 찾아온 사람을 맞이한다. 숨을 고르며 천천히 오르면 제법 시간이 걸린다. 마지막 계단 옆에 성수라고 믿는 우물이 샘솟는다. 예를 갖춰 성수를 마시고 내려다본 주변 경치가 예술이다. 고생하며 먼 길 찾아온 여행객인 나에게 세상은 넓고 아름답다고 말하는 선물인 듯하다.

볼리비아 원주민은 잉카의 시리차 후예들이다. 땅 하늘 지하를 중심으로 삼고, 뱀 퓨마 독수리를 섬긴다. 도둑질 거짓말 게으름에는 벌이 따른다. 삼, 삼, 삼 법칙이다.

- 2023. 03. 17. 금, 여행 제10일

코파카바나 섬 티티카카 호수 새벽 네 시 전경

 호수 전경이 보이는 로사리오 티티카카 호텔 로비에서 아침을 먹었다. 남편은 아직 누룽지와 생식 식사를 했다. 천천히 소박하게 행복한 하루 여행을 맞이했다. 지금까지 잘 살아온 일상이 남미 여행으로 이어졌다. 함께하는 이 시간보다 더 소중한 의미는 없었다. 서로 괜찮다는 말이 있을 뿐. 여행은 좋은 사람들과의 만남이었다. 함께 걸으며 통찰로 깊어지는 남미 여행의 동행이 좋았다.

 비가 내리다 금방 그치고 햇빛 어린다. 먼 하늘은 잿빛 벗고 본디 빛깔로 돌아간다. 티티카카 호수가 있는 코파카바나 섬에서 볼리비아 옛 수도 라파즈로 이동한다. 우리를 태우고 육지로 출발하는 바지선 선장은 얼굴이 새까맣다. 원래부터 까만 사람은 아니다. 옆에 있는 아들을 보면…. 그의 새까만 얼굴이 부지런히 생업에 종사하며 일해온 훈장처럼 보인다.

고도 사천구십오 미터 라파즈에 도착해 케이블카를 타고 해발 삼천육백 미터 라파즈 카미노 레일 레지던스 호텔에 왔다. 우유니 사막이 인근에 있다.

코리아타운 한인 식당에서 저녁 먹었다. 밥, 김치, 나물, 된장, 수박, 숭늉, 상추쌈, 파김치, 비빔국수, 오이무침, 돼지고기볶음. 오랜만의 한식이 반갑고 너무 맛있어 포식했다. 산악인 엄홍길도 다녀갔다는 액자 앞에 서서 사진을 찍었다. 교포 사장에게 성공하고 건강하길 악수하며 따뜻이 포옹했다.

- 2023. 03. 18. 토, 여행 제11일

라파즈에서 우유니로 왔다. 제비뽑기로 지프 넉 대에 나눠 탔다. '기차의 무덤, 포트 시티 1678년'을 둘러본 후에 고속도로를 달렸다. 끝없는 지평선이 하늘과 닿아 있다. 그랜드캐니언 가도 풍경과 다르지 않았다. 중간 휴식지 상점에서 우유니 소금 한 주머니씩 선물로 챙겼다.

소금 호텔에 짐을 풀고 잠시 쉬었다. 호텔 뼈대만 건축자재를 사용했고 나머지는 소금으로 지어졌다. 의자, 침대, 화장대 모두 소금 덩어리였다. 피트니스 센터에는 골프 퍼팅 연습장과 탁구장, 헬스장도 있다. 우리는 엄두도 못 내는 운동을 하는 사람이 많았다. 호텔 옥상에는 일출과 일몰을 감상하며 촬영하는 벤치가 있어서 우유니의 정취에 몰입할 수 있었다. 고도에 완전히 적응하지 못한 우리는 아직 입술이 파리했다. 지프를 타고 우유니 사막을 한 시간 달려 깃발 동산과 주변을 산책했다. 땅에서 퐁퐁 솟아오른 물이 소금 결정체가 되는 곳을 관찰했다. 신이 인류에게 영생을 약속

했다면 그 한 가지 증거가 우유니 사막이 아닐까.

- 2023. 03. 19. 일, 여행 제12일

　오늘은 시속 육십 킬로미터로 칠십 분간 소금땅을 달린다. 우유니는 종단 이백오십 킬로미터, 폭 백오십 킬로미터로 우리나라 전라남도 크기의 방대한 소금 사막이다. 달려도 달려도 새하얀 소금 평원! 시간과 공간이 멈추고 내가 외계에 온 듯 착시와 착각이 든다.

　새하얀 소금 평원 한가운데에 초록색 선인장 섬이 나타난다. EBS 세계테마기행 나승열 볼리비아 편 촬영팀을 만났다. 한나절 내내 드론 촬영하는 것 지켜보고 우리가 배경이 되기도 한다. 4월 23일에 방영된다고 알려준다.

　많은 선인장이 노란 침 빼곡하게 달고 죽죽 벋어 섬을 이룬다. 섬 봉우리에 구백 년 된 선인장 여러 그루가 우뚝 솟아있다. 일 년에 일 센티미터씩 자란 키가 구 미터다. 십 미터가 되면 저절로 고사한다.

　우유니 사막 텐트 밑에서 어제에 이어 두 번째 점심을 먹는다. 눈에 걸리는 것이라곤 아무것도 없다. 내리쬐는 광선을 찬연하게 반사하는 새하얀 대평원에서의 점심은 환상을 넘어서 천상이다. 메뉴도 배, 감자, 사과, 오이, 볶음밥, 닭 다리, 토마토, 브로콜리, 당근 볶음 등으로 건강식이다. 점심 먹고 두 시간 동안 선인장 섬 둘레를 걷는다. 선인장 동산을 벗어나면 아무리 걸어도 소금밭이라 시간과 거리 개념에 착각이 생긴다고 주의를 당부한다. 움직인 거리를 시간으로 계산하여 간 거리만큼 돌아올 시간을 생각하여 움직이지 않으면 위험하다고 몇 번이나 이른다.

　고립무원 소금 사막 한가운데 어떻게 선인장이 자라게 되었는지 불가사의라는 인솔자의 설명이 있었다. 『종의 기원』을 읽은 나는 경로를 충분히 짐작할 수 있는데…. 섬을 한 바퀴 걸어서 돌아올 때 새도 몇 마리 만났다.

　황혼이 물들 때 소금밭 물에 반사된 노을을 배경으로 수십 번 기념 촬영을 한다. 이어진 와인 파티, 생각지도 못한 순간에 장이 펼쳐진다. 잔 부딪히며 모니카 님의 하모니카 연주에 맞춘 '아 목동아' 즉석 노래로 절정의 우유니 정취에 행복하다.

                            - 2023. 03. 20. 월, 여행 제13일

황혼의 우유니 사막

아르헨티나
대평원을 지나다

　새벽부터 버스를 타고 안데스산맥 알타플라노 고원지대를 달린다. 볼리비아 국경에 도착하여 아르헨티나 입국 검색대를 통과해야 한다.
　매우 덥다. 소와 양이 풀을 뜯는 초원지대를 지난다. 차 에어컨이 작동되어 조금 나아진다. 나는 손 피로를 풀면서 아르헨티나의 편안한 여행을 점친다. 고도가 낮아져서 모두 본래의 얼굴 모습으로 돌아와 반갑다.
　현지 가이드 일주일 급료가 여기 돈 십팔 원이란다. 환율이 얼마인지 가늠해봐야겠다. 아스팔트 도로변에 현지 주민도 보인다. 넓은 초원에 말뚝이 무늬를 놓은 듯 땅을 가르고 있다. 먼 산 위로 구름이 걸리고 태양은 긴 그림자로 대지를 비춘다.
　우유니 사막에 비하면 희뿌옇지만 구름 걸리지 않은 하늘은 세상을 하나로 잇는 유일한 통로다. 말뚝의 나라 아르헨티나 입성!

- 2023. 03. 21. 화, 여행 제14일

　아침에 태양이 통과하는 남회귀선 기념비에 도착했다. 해마다 새해가 되면 이 광장에서 동서남북으로 모여들어 축제를 벌이는 곳이란다. 쿡 선장과 깊은 연관이 있다.

선점探險 시대에 프랑스의 종단과 영국의 횡단 정책이 타히티에서 충돌한다. 일진일퇴 식민지를 넓힐 때 프로이센 공국 빌헬름 2세가 개입하게 된다. 영국은 비글호를 학술 탐험대라 칭하며 새로운 항로를 개발하라는 비밀 지령을 내렸고, 찰스 다윈은 학술 탐험의 명분을 위해 승선한 학사였다. 쿡 선장을 탐험대로 항해시키면서 일주일 후에 개봉하라는 비밀 지령이 내려졌는데 그 내용은 남극대륙이 정말 있는지 확인하라는 것이었다. 쿡 선장은 본초자오선 영도가 그리니치천문대를 지나는 것이 정확하다는 것을 증명하기도 했다.

다음 여정은 우마우아카 대협곡이다. 녹색인 육억만 년 전부터 흑색인 이백만 년 전 지층까지 열두 가지 색의 퇴적층이 반사되면서 장관이다. 한 시간 정도 주변을 걸어서 돌아본다. 물감을 뿌려 놓은 듯 녹색 자갈들이 봉우리를 덮고 있는 거대하고 신비한 지역이다. 지구가 살아 움직이는 유기체라는 또 하나의 증거다.

교회가 지역의 중심이다. 교회 앞 광장을 시작으로 방사형 도로에 알파카 제품을 판매하는 상가가 나란하다. 김 인솔자가 점심값으로 칠천 페소씩 나누어준다. 이십일 달러 가치라고 한다. 나와 남편은 김 인솔자를 따라 '후주이' 맛집에서 점심을 챙긴다. 넉넉한 점심시간이어서 직화 숯불 치킨과 콜라 한 병을 시켰는데 맛도 양도 성공이다.

치킨은 부드럽고 고소하고 따끈해서 맛있다. 곁들여 나온 감자 샐러드는 얼어서 맛만 보았다. 제주 부부가 흑맥주를 시켜 반 잔을 나눴고, 김 인솔자가 현지 순대를 시켜 함께 먹었다.

호텔에 도착하여 낮잠 한 시간 자고 대협곡 오후 일정에 나섰다. 해발 사천삼백오십 미터 고지를 돌아 오전보다 규모가 훨씬 큰 야코라이트 지층을 마주했다. 영겁의 시간을 먹고 우뚝 솟은 계곡은 열두 색으로 발광하는 오로라 같았다. 바람이 불어 약간 서늘했지만, 하늘이 푸르고 구름이 새하얗게 그림을 뿌려 경관이 신비했다. 다 둘러보고 해발 사천백오십 미터에 세워둔 차를 향해 오르는 길이 숨 가빴다. 나는 호흡을 조절하기 위해서 뒤로 돌아서서 발바닥만큼 좁은 폭으로 걸었다. 모두가 나를 따라 했다. 말하지 않아도 색다른 경험을 같이하고 싶은 마음이 통했다. 모니카 님이 뒷모습을 찍었는데 잘 나왔다. 서로 찍사가 되면서 더 친밀해졌다.

와인 곁들인 만찬은 넉넉한 사업가 서울 부부와 함께했다. 호박 수프에 안심 찜 스테이크와 아포가토로 한 시간 반 동안 저녁을 먹었다.

- 2023. 03. 22. 수, 여행 제15일

비행기를 타기 위해 캐리어를 십오 점 오 킬로그램 맞춘다고 힘들었다. 많이 비워야 했다. 아르헨티나 북쪽 도시 살타에 도착했다. 살타는 우리 동네같이 아름드리나무와 숲이 있다. 고도가 낮은 지대라서 여러 종류 가로수가 늘어선 부촌 주택가도 보였다.

지금 섭씨 이십팔 도다. 빨랫방에 세탁물을 맡기고 오백 미터 정도 걸어서 식당에 앉는다. 감자, 콜라, 소고기 숯불구이, 완두콩 샐러드, 흑맥주와 살타 맥주를 골고루 맛보는 점심이다. 오후에 살타 공항에서 바릴로체로 향한다.

- 2023. 03. 23. 목, 여행 제16일

어제 와카렐라에서 종일 이동해 새벽 두 시에 숙소에 도착하여 바로 잠들었다. 호텔 아침을 먹은 후 택시로 케이블카 정류소까지 이동했다. 바릴로체 산카를로스 산 정상에 내려 합스부르크 바위 능선을 세 시간 걸었다. 한 팀은 케이블카 중간 정류소에서 풍경을 감상하고 일 군인 나는 짚라인을 탔다. 산에 둘러싸인 분지형 파란 호수가 백두산 천지에 선 듯 장엄했다.

오후에는 아르헨티나의 스위스라는 바릴로체다. 해변을 한 바퀴 산책한 후 도심으로 와 초콜릿으로 유명한 거리 상가를 거닌다. 유명세 덕분에 이름난 바릴로체 해변이 해운대 풍광보다 못하지만, 광장에서 음악 연주가 이어지고 관광객이 북적인다.

중앙광장의 동상을 검은 천으로 씌워놓고 시위하는 지역민도 보인다. '진실과 정의의 날' 행사 중이란다. 세상 어디라도 사람 사는 곳은 다 빈부격차로 인한 희로애락을 수용하고 표출하는 일상의 모습이 비슷하다. 삶을 가꾸고 행복 지수를 높이는 것은 결국 사회와 개인이 손잡고 고민해야 할 몫이다. 스테이크가 유명한 맛집을 찾아 저녁을 먹고 초콜릿 도시의 아름다움에 빠진다.

- 2023. 03. 24. 금, 여행 제17일

델 파이네 국립공원과
페리토 모레노 빙하의 나라 칠레

안데스 산줄기에 겹겹이 쌓인 빙하와 그 빙하가 만든 후아피 호수를 버스 1, 크루즈 1, 버스 2, 크루즈 2, 버스 3 타고 내리고 또 타면서 아홉 시간에 걸쳐 국경을 넘는다.

세 번째 버스를 타기 위한 선착장 어귀에서 체 게바라를 만났다. 오토바이를 타고 전국을 여행하다 이곳에 잠시 머물렀던 것을 기념하는 사진 명소였다. 오토바이 실물과 야영했던 모포가 그대로 실려 있어 지금 체 게바라를 만난 듯했다. 그는 이 오토바이 여행 중에 많은 영감과 성찰로 인생 여정을 바꾸는 전환점이 되었다. 이름 앞에 '체'가 붙는 것은 존경의 뜻이었다.

칠레 국경 검색대에서 시간이 지체된다. 직원 두 사람이 손으로 배낭과 캐리어를 일일이 열어 검색한다. 농업국가인 칠레는 외국의 음식물, 특히 과일 반입을 엄격히 관리하여 자국의 농업을 보호한다. 아주 세밀히 다 뒤지는 모습에 할 일을 제대로 이행하는 공무원이다 싶어 긴 시간 기다렸는데 짜증 나지 않는다. 출발할 때 시간이 빠듯하여 아침을 못 먹고 호텔 뷔페에서 사과와 키위 두 알씩 넣어 왔는데 검색대 앞에서 버렸다. 의도하지 못한 다이어트!

입국하여 칠레 안데스의 숨겨진 보석 마을 빼올라에 도착했다.

소수의 주민만이 거주하는 안데스의 산속 마을은 문명과 등진 건너편의 세상이다. 팜파의 양모를 수출하기 위해 안데스를 넘나들던 상인의 길인데 허가받은 관광객만이 하루 두 번 넘어가는 고독의 길을 넘어왔다. 현재 기온이 이십이 도라 뜨는데 뺨을 스치는 바람은 쌀쌀하고 오후 여덟 시에도 환하여 저녁 먹고 나니 밤중에 가깝다. 고독하게 외진 마을 나투라 파타고니아 호텔에 여장을 풀고 자연에 동화된 밤을 보낸다.

- 2023. 03. 25. 토, 여행 제18일

    칠레 뻬올라에서 호반의 도시 바라스로 이동하는 날이다. 오전에 짚과 카타마란탄 배를 타고 아르헨티나와 칠레에 걸쳐 있는 뻬올라 국립공원 생태체험 시간이다. 원시적 모습으로 보존되어 청정한 자연과 다양한 수종이 아름다운 경관을 이룬다. 넓은 너덜겅 물살 위로 배가 달리면서 물속 속살을 환히 볼 수 있다. 다시 크루즈 두 시간 버스 한 시간 반 이동하여 바라스에 도착했다.
    태고의 세상을 품은 두 시간의 크루즈는 안방에서 남미 뻬올라 국립공원을 시청하듯 미동도 없이 미끄러진다. 바라스보다 잘 보존된 자연이 인상적이다. 만년설 봉우리가 화산 초록 봉우리와 나란히 조화를 이루어 이색적 남미풍이다. 화산산 이름을 알아듣기 힘들어서 해설하는 크루즈 담당자에게 물었는데 친절하게 그림과 글로 써준다. 기념으로 간직하려고 사인과 날짜 기록도 부탁하니 흔쾌히 들어준다. 감사한 마음을 영양 바 한 개로 나눈다.
    빙하수로 이루어진 호수가 대양처럼 길고 넓게 조성되어 두 시간이나 배편으로 이동할 수 있는 규모가 놀랍다. 유명한 곳이라 관광객이 많다.

칠레는 페루, 볼리비아, 아르헨티나보다 국민소득이 훨씬 높아 보인다. 바라스 나탈레스는 여행 중 처음으로 유럽 도시풍이다. 독일 사람이 정착하여 휴양도시로 발전시켰다는데 주택과 도로가 독일풍이고 맥주가 유명하다. 파친코도 보인다.

- 2023. 03. 26. 일, 여행 제19일

점심값으로 이만 칠레페소를 받았다. 이십오 달러 정도의 가치다. 어제저녁에 일정표를 보고 점심은 공항에서 자체 해결한다기에 컵라면 두 개와 영양 바, 누룽지 가루를 챙겼다. 아침은 뜨거운 물에 콘플레이크 풀어 마셨다. 고소하고 맛있어서 충분했다.

공항 대기실이다. 컵라면에 물을 붓고 대구 부부와 서울에서 혼자 온 모니카를 불러와 한 수저씩 나누었다. 나는 국물 한 모금 맛보았다. 남편도 오늘부터 정상적인 식사를 하는데 영양 바를 김 부부와 나눈다. 많이 먹는 것보다 많이 나누는 것이 더 풍요로웠다.

푸에르토 몬트 공항에서 파타고니아 심장부로 들어가는 중이다. 스물다섯 살 청년 다윈이 비글호를 타고 이곳 파타고니아에서 갈라파고스까지 항해하며 『종의 기원』을 집필하는 초기 자료를 수집한 곳이다. 갈라파고스는 여기서 비행기로 세 시간이나 더 가야 하는 곳이라 아쉽기만 하다. 파이데이아 학회지에 「종의 기원 분석」 원고도 냈는데 갈라파고스에 못 가는 것이 섭섭하다. 하지만 비글호를 타고 십팔 세기 파타고니아 여행을 했던 찰스 다윈의 행적을 잠시나마 쫓을 수 있는 것은 큰 행운이다.

세상에 존재하는 생명체가 하나의 단세포에서 시작했다는 혁명적인 생각의 근저가 된 핀치새가 사는 땅이다. 핀치새 부리 모양을 시작으로 평생 이어진 연구가 불후의 명저 『종의 기원』을 탄생시켰다. 대단한 업적이 아닐 수 없다.

위대한 발견도 아주 작고 사소한 의문에서 출발한다. 다윈도 예외는 아니었다. 먼지가 쌓이는 조건과 조개 무늬가 왜 생겼는지도 예사롭게 보지 않았던 예리한 눈과 귀의 산물이다. 생명체의 신비가 풀리면 인간의 생각까지 확대된다.

공항에 내렸을 때부터 세찬 비와 낮은 기온 때문에 몸을 움츠린다. 이동하며 오감으로 느끼는 풍광이 여행의 중요한 부분이다. 체력 관리가 여간 중요하지 않다. 공항 의자에 앉아 쉼 없이 들려오는 소음 속에서 나는 여행의 한 자락을 붙잡는다. 여행팀 스물두 명의 면면이 나를 반사하며 내적 상태와 외적 페르소나를 떠나 성찰하는 시간이다. 내공이 깊은 동행을 통해 나를 들여다본다.

며칠 전에 알았는데 우리 여행팀에서 남편이 제일 원로란다. 현지 가이드가 눈이 퀭하도록 챙긴다. 그래서 늑장꾼 되지 않으려고 눈치 본다. 어느새 이렇게 되었는지. 하루하루 어떻게 살아내야 하는지가 참 소중하다.

구름도 하늘도 모두 낯익었는데 간간이 들려오는 스페인어와 주식 사고팔기에 심취한 최 사장님의 이슈에 한 사람씩 동화되어가는 모습이 어색하다.

- 2023. 03. 27. 월, 여행 제20일

호텔 조식 후 토레스 델 파이네로 향한다. 내셔널 지오그래픽 여행사가 뽑은, 죽기 전에 꼭 가봐야 할 자연으로 선정된 곳이다. 영하 칠 도 안팎 기온에 눈도 예보되어 있다. 높은 산을 이루는 암벽 석회질이 돌로마이트로 변한다. 돌로마이트CaMg(CO$_3$)$_2$는 물에 녹지 않는 성분인데 먹어도 된다. 지난밤에도 눈이 내려 먼 산봉우리마다 새하얀 모자를 썼다.

날씨가 춥다. 남편이 방한용 장갑과 모자를 사면서 상점에 선글라스를 두고 차를 탔다. 마침, 서울 신 교수가 어디에 있는지 안다며 쏜살같이 달려 나갔다. 남편도 뒤따랐다. 흰 모자 더미 위에 선글라스를 보았는데 어느 외국인이 벗어놓은 줄 알았다며 잠시 뒤에 찾아왔다. 고마웠다. 이 또한 여행의 행운이었다.

라구나 인게Laguna inge 호수 주변 사점 이 킬로미터를 산책한다. 병풍처럼 둘리쳐진 설산 아래 넓은 평원이 이어진다. 안데스의 고유한 경치다. 동물이 간간이 보이는 것은 지금 이 지역이 겨울이기 때문이다.

상추쌈에 살라미 얹어 고추장 바른 파이네 호숫가 언덕의 점심은 모두 부러워한 내 아이디어 점심 메뉴다. 남미 여행 추억의 앨범에 오랫동안 저장될 것이다. 살라미 상추쌈 한입 먹은 김 인솔자가 다음 여행자에게 좋은 메뉴로 팁을 줄 수 있겠다고 말해서 우쭐한다.

또 하루가 저문다. 하늘의 어둠이 땅의 어둠보다 먼저 닿는다. 자연도 사람의 마음도 하늘의 어둠처럼 여백을 새긴다. 빛이 어둠의 알갱이를 뚫고 새벽으로 융화되듯 마음에도 빛 영성을 심어보자. 여행 중 이동 시간은 간간이 명상에 잠길 수 있어 좋다. 나는 이 사유 시간을 검은 고독 흰 고독으로 이름 붙여 즐긴다.

와인 곁들인 양고기 스테이크와 단호박 소스, 당근 수프, 초콜릿

자두 스무디 저녁을 먹는다. 호텔 사장이 선물로 제공한 화이트와인은 덜 숙성된 맛이지만, 향이 코와 혀를 춤추게 한다. 몇몇 회원은 와인에 취해 채 대표에게 제지당한다. 내일 장거리 트레킹 일정이라 단호하다. 고도가 낮아지면 매일 와인 파티를 하자며 희망 메시지도 남긴다. 절제는 언제 어디서나 최고 최선의 미덕이다.

파이네 국립공원 내 유일한 호텔인 파이네 라 스텔라스 호텔은 파이네의 깊은 산중에 안긴 아늑한 숙소다. 나에게 부여한 최상의 호연지기 보상이다. 자연과 사람의 조화가 끝없이 펼쳐지는 내일의 파이네 트레킹을 위한 파이팅이다.

- 2023. 03. 28. 화, 여행 제21일

파이네의 상징인 토레스 델 파이네로 트레킹을 떠난다. 델 파이네 국립공원은 세계 십 대 낙원으로 강과 산뿐만 아니라 빙하와 호수도 아우르는 곳으로 정말 깨끗하다. 눈雪과 빙하 덮인 준봉이 웅대하다. 낮게 깔린 침엽수의 환경 적응 모습도 특이하고 흘러가는 빙하수 노래와 에메랄드 호수의 윤슬 수면이 장관이다.

세계 각국의 등산가가 여행 경비를 줄이기 위하여 이십이 킬로그램의 야영 장비를 짊어지고 트레킹하는 모습이 줄을 잇는다. 영하의 기온에도 야외 텐트가 초원을 덮은 구역이 많다. 그들은 길을 걸으며 도전과 극기를 쌓아 표정이 밝고 자신감에 차 있다.

언덕을 지나 토레스 델 파이네 바위 봉우리 입구 산장까지 두 시간이다. 여기서 한 팀은 다시 산장으로 내려가고 또 한 팀은 정상을 향한다. 일 군인 나는 또 두 시간을 걸어 토레스 델 파이네 바위 봉우리 앞 호수까지 걷는다.

델 파이네 국립공원 정상의 세 바위 봉우리

마지막 지점인 라스 토레스는 흐렸다가 맑았다가 수시로 변한다. 천오백만 년을 지탱해 온 세 봉우리는 엄청난 기운을 뿜어낸다. 빙하 호수 벽면에 치솟은 세 개의 바위 봉우리가 붉은색 바탕에 청색까지 영롱한 색채 띠며 태양 위치에 따라 빛을 뚱겨내는 장관이 거대한 다이아몬드 같다. 진선미의 이데아Idea가 눈앞에 있는 델 파이네 바위 봉우리라고 부르짖는다. '자연'이라는 말보다 더 완벽하고 아름다운 말이 있을까. 넋을 놓는다. 델 파이네 국립공원의 명소 토레스 델 파이네 삼봉까지 갔다가 돌아오는 이십 킬로미터 대장정의 여덟 시간 트레킹이었다.

대구 김 선생님이 기념사진 몇 장을 찍어주고 아내가 기다리는 산장으로 내려갔다. 주변을 두루 챙기고 배려하는 모습이 덕장德將이다. 나와 우리 팀도 빵 한 조각으로 요기만 하고 돌아선다.

모두 모여 그란데 산장으로 이동한다. 내일은 파이네 국립공원 산행 코스의 하이라이트인 그레이 빙하 트레킹 날이다.

그란데 도미토리 이 층 마스카라실에 배정받았다. 서울, 제주 부부와 함께 입실했다. 샤워는 커튼 드리운 샤워 겸용 화장실에서 스위치를 계속 눌러야 물이 나왔다. 제주 이 선생님이 빨리 가야 밀리지 않고 샤워라도 할 수 있다기에 부랴부랴 서둘렀다. 우리 방이 있는 이 층에도 화장실이 있고 좀 더 편안한 샤워장이 있었나. 서울 신 교수님이 방 앞에서 만나 샤워실, 화장실 위치를 알려주어 알았다. 이 선생님에게는 아무 말 하지 않았다.

우리 방을 가로질러 뻥 뚫린 일 층이 내려다보인다. 옆 건물과 이어진 테라스 페치카에 장작이 활활 타올라 온기 가득하다. 벽난로 주변에 등산화가 빼곡하다. 습기를 말리는 중이다. 여행자의 하루를 온전히 담은 등산화 줄이 정겹다.

　그 그림이 하도 좋아 사진을 찍고 싶었는데 배터리가 부족했다. 나도 남편에게 말해서 등산화를 가져다 말려야겠다 싶어 돌아서는데 채 대표를 만났다. 등산화 말리는 모습이 너무 정겹다며 인사를 건넸다. 나도 등산화를 말리고 싶다 했더니 기능성 등산화는 더운 열기 닿으면 기능을 상실한다고 말렸다. 나는 고개를 끄덕이며 등산화 말리려던 마음을 접었다.

　사람이 정말 많다. 저녁 먹으면서 간단히 맥주 한잔 나누며 담소가 진하다. 남편들은 나가고 셋이서 한참 수다 떨며 마음을 척척 맞춘다. 내공이 축적된 분들이다.

- 2023. 03. 29. 수, 여행 제22일

　라구운라스토파스 호수와 그레이 호수에 유빙이 움직인다. 일군은 저 빙하까지 간다고 한 시간 먼저 출발했다. 나는 남편과 하루를 발맞춰보려고 이 군을 선택했는데 한참 뒤에 처져서 그림자도 보이지 않는다. 서울 원 선생님과 짝이 되었다고 채 대표가 알려준다. 그래도 무리하지 않고 꾸준히 자기 속도 유지하며 완주한다. 사진을 찍고 추위를 물리기 위해 돌아서는 길에 알았다.

　조금 더 걸어 유빙이 보이는 그레이 호수 언덕까지 왔다. 햇볕 내리쬐고 시간은 정오를 가리킨다. 여기서 남편을 만났다. 도시락 점심 샌드위치 한 조각씩 먹고 다시 걸었다.

　그런데 산장에 돌아와 호수가 보이는 소파에 앉았다. 에메랄드 호수 너머로 설산이 병풍이다. 남미대륙 안데스 끝자락 파타고니아 델 파이네 국립공원 이틀째 트레킹을 마쳤다. 힘든 여정이지만 깨끗하고 아름다운 풍광의 극치에 충만한 시간이었다. 세계 각지에서 모여든 등산가들의 자기 도전 열정을 곳곳에서 만났다. 우리 일행과 함께 걸었던 젊은이는 이십 킬로그램 배낭을 메고 한 걸음씩 내디디며 빙하 호수를 향하는데 눈여겨보니 한쪽 다리가 불편했다. 밝은 모습에 손뼉 치며 온 마음으로 응원 보냈다.

흰 눈 덮인 무채색 산맥을 마주한다. 이곳 특유의 산림과 나지막이 군락을 이루며 단풍이 들어가는 랑구스 숲의 대비가 햇빛에 반사되어 자연의 섭리를 품는다. 같은 공간에서도 순리에 조화를 맞춰가는 델 파이네 국립공원의 삼 일 일정이었다.

- 2023. 03. 30. 목, 여행 제23일

델 파이네 국립공원에서 칼라파테로 이동한다. 서늘한 기세가 꺾이고 대지의 생명이 기지개를 켠다. 소망 열기와 생존의 기운이 설산 지원군을 등에 업고 하늘 저편 태양을 흔든다. 시작은 언제나 찬란하다. 여명의 붓은 거침이 없어 설렌다.

포용의 일필휘지는 찬란한 온기 더하며 점점 붉고 넓게 준봉과 설산을 감싸고 대지로 내려온다. 온기는 한여름에도 반가운 손님이다. 온 하늘을 물들인 아침노을은 참으로 오랜만이다. 본디 하나였던 만물이 빛의 온기에 각각의 모습으로 자리를 잡는다.

만년설 꼭대기에 태양 빛이 드리운다. 누가 눈雪을 하얗다 했을까. 설산 위의 새벽 눈은 붉다 못해 사파이어 빛을 낸다. 희망을 녹이며 대지에 안긴다. 여명에 시간이 윙크하면 무지개 대지가 미소 짓는다. 그리고 해가 솟는다. 차창으로 스며드는 여명의 발자취. 우리 삶도 어둠 뒤에서 익어가는 것이 아닐까.

하루 여섯 시간 운전 법규 때문에 두 사람이 교대로 운전한다. 버스 기사가 국경을 넘어 돌아가는 시간을 고려해 휴게소에서 간편 점심을 먹는다. 남편과 나는 생식을 타서 채소 샐러드 곁들여 먹었다. 버스 속에서 우수아이아의 둘째 날 저녁 메뉴 투표를 톡에서 끝냈다. 남편은 양고기 스테이크, 나는 농어 스테이크다. 칼라파테 호수를 끼고 광활한 파타고니아의 끝없는 지평선 대평원을 가로질러 달린다. 버스로 다섯 시간을 달리며 지평선이 하늘과 분간되지 않는 착시도 경험한다. 내가 둥근 지구본 위에 한 점으로 서 있는 듯 묘한 체험이다. 이렇게 넓은 평원이 우리나라에도 있었더라면…. 남편도 여러 번 되뇐다.

그제 국경을 넘어갈 때 신분 확인 PDI를 발부받았다. 그 쪽지가 오늘도 필요한데, 배낭에 깊이 넣어 보관했다. 이미 국경을 넘어버린 차에 연락하느라 늑장꾼 어리석음을 범하고 잠시 민망했으나 무사히 통과하는 촌극도 있었다.

칠레 국경과 아르헨티나 국경을 통과하여 오후 두 시경에 카바냔 호텔에 여장을 풀었다. 멀티탭이 맞지 않아 프런트에서 빌려 핸드폰 충전하고 포트에 라면을 끓여 먹었는데 신토불이 우리 맛이다. 105호가 2층. 1층은 0층이라 혼동하기 쉽다.

오후 두 시간 자유 산책하며 동네 이곳저곳을 둘러보고 설산이 보이는 호숫가도 잠시 걸었다. 유기견이 거리를 활보한다. 사람이 그리워 우리를 졸졸 따라온다. 저녁 먹고 오는 길에는 음식 냄새 때문인지 호텔 문까지 따라오기도 했다.

- 2023. 03. 31. 금, 여행 제24일

캬바냔 호텔에서 미니버스로 칼라파테 호수를 지나 시속 팔십 킬로미터로 이동한다. 밤새 비가 내렸다. 우산과 비옷을 준비했다. 라 그라시아 국립공원과 빙하 공원을 둘러보고 페리토 모레노 그라시아 전망대로 돌아오는 일정이었다. 빙하를 보호하기 위하여 하얀 부직포를 깔고 있다. 칼라파테 호수도 아르헨티나 호수와 연결된다. 칼라파테 인구는 삼만 명인데 주된 직업이 여행 안내였다. 겨울은 긴 휴식을 할 수밖에 없겠다.

세계에서 제일 빙하 지역은 남극이고 제이 빙하 지역은 그린란드다. 제삼 빙하 지역이 이곳 파타고니아 페리토 모레노 빙하 지대다. 폭 백십 킬로미터에 길이가 삼백 킬로미터로 칠레와 아르헨티나에 걸쳐 있다. 관광객이 바다를 이룰 만큼 많이 몰렸다. 아이젠을 신고 빙하 위를 걸으며 빙하수도 마시는 종일 프로그램은 나이 제한에 걸려 참여할 수 없었다.

우리 부부는 이 군이다. 미니버스 타고 한 시간 반 이동해 크루즈를 탄다. 빙하 북쪽 벽면 이백 미터 주변까지 접근한다. 녹아떨어지는 빙하와 유빙이 햇빛을 받아 에메랄드빛 발산하는 경치를 둘러본다. 주변에 설치된 갑판을 걸으며 빙하 표면의 크레바스 상태를 가까이서 볼 수 있었다. 해마다 빙하가 흘러내리는 기상이변으로 흰 무식쏘를 덮어 보호하는 운동을 하고 있지만, 역부족이라는 걱정의 소리도 들었다. 실제로 1986년의 빙하 상태를 촬영한 사진을 방문객 모두가 볼 수 있도록 게시했는데 면적과 두께가 지금보다 훨씬 넓어서 눈으로 확인이 된다.

오늘 본 페리토 모레노 빙하는 평균 높이 칠십 미터, 하루 오 미터까지 이동하는 해양성 빙하다. 구십 년 동안 빙하 양이 줄지 않는 세계 삼대 빙하인데 녹는 양만큼 다시 만들어내기 때문이다. 밑에는 얼음이 얼고 위에는 퇴적물 뱅크를 이루어 모레노 빙하로 분류된다. 라 그라시아 아이스필드 페리토 모레노 빙하는 접근성이 편리하고 교통편이 좋아서 관광객이 몰려든다.

페리토 모레노 빙하

돌아오는 길 들판에 과나코가 보인다. 『총, 균, 쇠』의 저자 재러미 다이아몬드는 위도가 같으면 기후가 비슷해서 농업혁명이 일어나기가 쉽다는 역사적 결과를 간파했다. 당연히 농업혁명의 주축은 가축이었다. 그러나 남미 가축인 라마, 야마는 등뼈가 약해 멍에를 지울 수 없었고 남미 농업혁명이 늦추어진 원인이 되었다.

아르헨티나 화폐는 페소인데 사백 페소가 일 달러 가치의 환율이다. 천 페소짜리가 제일 큰돈이고 오백, 이백, 일백, 오십 페소 지폐가 있다. 동전도 있기는 한데 물건을 사면 오십 페소 이하는 아예 거슬러주지도 않는다. 밥 한 끼 먹는 데도 돈을 한 줌씩 줘야 한다. 그만큼 물가 인플레이션이나 화폐 정책이 안정되지 못한 듯하다.

칼라파테 소도시는 인구 삼만이라는데 주도로 중앙에 아름드리 소나무 가로수가 인상적이고 몰려든 관광객들을 위한 기념품 가게도 정말 많다. 전력 사정이 어떤지 상점 안이 대부분 어두컴컴하다. 빈부격차도 심한 듯 주도로를 벗어난 이면도로변에는 영세 가게를 이용하는 서민도 많다. 카페테리아에서 간편 점심을 먹고 호텔로 돌아와 오늘을 마무리한다.

- 2023. 04. 01. 토, 여행 제25일

다시 밟은 트레킹의 성지 엘 찰텐과 탱고의 나라 아르헨티나

아침 해가 낯을 든다. 11번 도로를 달리다 잠시 사진 명소에 선다. 중앙분리선이 없어 위험하다. 남미 대표 수종 랑구스가 고운 단풍 물들이며 국립공원 내에 자연림으로 군림한다. 국립공원 입구에는 유네스코 자연유산이라는 로고가 새겨져 있다.

오전 열 시경이다. 무지개가 호수에서 올라와 하늘까지 반원을 그린다. 우리 일행의 차량을 따라 계속 움직인다. 무지개와 함께 달리는 여행자들은 낭만에 물든다. 하와이 순환 도로를 달리면서 곡선 도로를 돌 때마다 무지개를 보았던 환상적인 장면이 재연된다. 무지개가 모든 여행자 눈길을 한곳으로 붙잡는다. 볼 수 있지만 잡을 수는 없는 무지개, 우리는 잡을 수 없는 것에 대한 환상과 욕망을 꿈꾸며 오늘도 무지개를 따라 끝없이 달린다.

아르헨티나 남부 소도시 엘 찰텐으로 이동했다. 버스로 출발하여 DESTINO SUR 호텔 삼 층에 여장을 풀었다. 오후에 피츠로이 전망대까지 칠 점 오 킬로미터 트레킹 다녀왔다. 남편이 천천히 걸으면서 내가 호텔 로비에서 기다릴까 봐 제주 부부에게 방 열쇠를 맡겼다. 그들이 동네 중간 지점에서 호텔 위치를 착각하여 남편보다 더 늦었다. 채 대표와 김 인솔자가 호텔 자전거를 타고 찾아 나섰고, 나는 로비에서 계속 기다렸다. 잠시 뒤에 만나 열쇠를 받았다. 조금 쉬다가 호텔 저녁을 먹었다. 아르헨티나 대표 수종 랑구스 단풍이 절정이다. 마지막으로 돌아온 남편은 힘들었는지 내일 일정을 포기했다.

엘 찰텐은 피츠로이와 쎄로또레가 자리 잡은 마을이다. 구름을 모으는 곳이라는 의미다. 어느 지역보다 바람이 세차고 구름 변화가 많다. 쎄로또레 국립공원은 세계 산악인들이 가장 도전하고 싶은 지역으로 등산가들과 자연을 사랑하는 젊은이들이 모여든다. 한적한 호텔 창으로도 거대한 돌산에 우뚝 솟은 바위가 보일 정도다.

자그마한 호텔이 목조건물이라 온기 있고 포근하다. 아기자기 정성껏 꾸민 구석 장식도 깜찍하고 예쁘다. 환경보존을 위해 수건도 말려서 다시 사용하라는 안내문이 걸려 있다. 다른 호텔처럼 물도 제공하지 않고 지역이 모두 빙하수라 수돗물을 마신다.

여러 사람이 식탁에 앉아서 저녁을 먹는다. 수프를 먹을 때는 물론 음식을 먹을 때도 소리를 내지 않아야 하고 바른 자세는 기본이다. 내 행동거지가 옆 사람에게 어떤 인상을 주는지도 회자되는 하루였다. 기본 매너! 지나칠 수 없는 인격이다.

- 2023. 04. 02. 일, 여행 제26일

엘 찰텐 피츠로이와 쎄로또레 바위 봉우리 트레킹 날이다. 탐사선 비글 호 선장 이름을 딴 피츠로이는 파타고니아에서도 가장 인상적인 바위 봉우리로 찰텐의 상징이라 할 만하다. 장엄하고 웅장한 면에서 파타고니아를 대표한다.

El Pilar 호스텔에서 강을 따라 완만하게 두 시간을 걸으면 세인

세노트에 닿는다. 여기서 채 대표는 한 팀을 이끌고 하산하고, 일군은 김 인솔자를 따라 정상으로 향한다. 랑구스 우거져 이룬 단풍은 어디에서도 볼 수 없는 가을을 만끽한다. 나는 금정산 가을 풍경 같은 포근함에 힘을 얻어 바람의 산을 가른다. 갑자기 비가 내리고 바람이 세차서 한 발을 내딛기가 힘들지만 걸음 뗄 때마다 해내고 있다는 희열의 힘이 생긴다.

정상으로 향하는 우리 팀은 지나온 랑구스 단풍길을 이따금 조망하며 서로 밀고 당겼다. 높은 고도와 비바람에 버거운 걸음으로 두 시간 만에 정상을 밟았다. 구름과 안개에 덮인 피츠로이와 쎄로또레 바위 봉우리는 형체만 겨우 분간할 수 있다. 바람이 너무 세차서 날리지 않으려고 모두 바위를 붙잡고 엉겨 붙었다. 비옷이 휘날려 낙하산처럼 부푼다.

쎄로또레 피츠로이로 가는 길목 엘 찰텐 랑구스 단풍 숲길

허기를 면하려고 한 손으로 바위를 의지하며 초콜릿과 햄버거를 꺼내는데 어디서 여우가 새끼를 데리고 나타났다. 극한의 환경에서 살아가는 생명체를 만나 너무 반가웠다. 너도나도 햄버거 한 쪽

씩 떼어 여우와 나누었다. 몸집이 날렵하고 눈이 맑은 여우가 우리 곁을 떠날 줄 모르고 맴돌았다.

　언제 그랬냐는 듯 순식간에 구름이 걷히면서 호수 면이 드러났다. 피츠로이와 쎄로또레 봉우리도 살짝 얼굴을 내밀었다. 우리는 너무 감동하여 눈물을 글썽이며 하나같이 소리를 질러댔다. 고난의 행군으로 정상을 밟았고 포기했던 호수와 두 암봉의 모습을 마주하는 감동은 모든 것을 보상하고도 남았다.

　우리가 소리 지르고 휘파람 불고 울부짖는 바람에 여우가 놀라서 폴짝폴짝 뛴다. 바로 그때 여우의 춤사위에 맞춰 김 인솔자의 브레이크 댄스가 시작되었다. 이 힘든 시각에 이런 장면을 연출하다니! 영화 '늑대와 춤을' 그 장면이었다. 여우와 스텝을 맞추듯 절도 있는 춤사위가 계속되는 가운데 다시 우리는 구름 속에 묻혔다. 후문에 김 인솔자는 국가가 인증한 댄스 선수로 여러 차례 국제 경연대회 수상 경력을 가진 댄스 전문가였다. 힘든 여정을 함께 극복한 우리를 위한 김 인솔자의 배려에 무한 행복!

　쎄로또레 정상에서 호텔까지는 네 시간이다. 다시 비가 내리고 바람에 내몰려 넘어지기도 하면서도 걸음은 행복하다. 이십이 킬로미터 여덟 시간 반 트레킹을 마치고 호텔에 도착했을 때는 저녁이다. 김낀 자고 피로를 푼 뒤 안심 스테이크 서녁을 먹고 하루를 접는다.

- 2023. 04. 03. 월, 여행 제27일

세상의 끝 우수아이아

 여명을 가르며 세상의 끝으로 간다. 이제 짐 꾸리기에 여유가 생긴다. 먹을 것도 줄어들었고 액체류 화장품, 시트 마스크팩과 공진단, 영양 바도 확 줄었다. 핫팩도 동났다. 칼라파테 엘 찰텐에서 버스 세 시간, 비행기 한 시간 십오 분, 버스 이십 분 이동하여 대륙의 끝에 도착했다. 아르헨티나 우수아이아는 포클랜드 전쟁 때 해군기지였다. 점심은 공항에서 생식과 누룽지 가루를 보온병 물에 타서 햄버거 한 조각과 먹었다. Los Hays Ushuaia 호텔에 여장을 풀었다. 랑구스 울긋불긋 단풍 든 언덕배기 숙소다. 너도밤나무 숲길 산책 한 시간 한 후에 쉬다가 택시를 타고 항구 쪽 시내로 내려갔다.
 지구 끝 바다에 떠 있는 대형 선박과 등대를 배경으로 기념 촬영을 했다. 우수아이아 관광 안내 사무실에 들러 지구 최남단을 방문했다는 기념으로 여권에 도장도 찍었다.
 우수아이아 특산물 킹크랩 저녁 시간에 고추장 세 개와 구운 김 다섯 봉지를 풀었다. 주문한 음식이 나오기 전에 구운 김 안주로 마신 와인이 일품이라고 모두 좋아했다. 긴 기간 동안 포기하지 않고 힘들게 들고 다닌 보람이었다. 킹크랩에 와인을 곁들인 만찬 후에 택시를 타고 호텔로 돌아왔다. 달이 밝았다. 우수아이아의 안데스산맥 실루엣이 달빛에 짙게 걸렸다.

내일은 비글해협 주변을 걷는다. 찰스 다윈이 피츠로이 선장과 활동했던 탐사선이 비글 호였다. 그들이 태평양과 대서양을 연결하는 잔잔하고 안전한 물길을 발견하여 비글해협이라는 이름이 붙여졌다. 파이데이아 학회지 5호 발간기념회를 4월 말에 하는데 혹시 『종의 기원』 관련하여 생생한 현장 스토리를 얻을 수 있을지 기대하고 있다. 남편과 천천히 살피며 완주하기로 했다.

- 2023. 04. 04. 화, 여행 제28일

어둠에 잠든 대지가 햇살에 점점 깨어나는 시간이다. 세상의 끝 역 해변과 등대가 있는 비글해협을 둘러본다. 피츠로이 선장이 과학탐사는 물론 새로운 물길을 찾으라는 임무를 받고 발견한 곳이 비글해협이다. 비글해협은 태평양과 대서양을 연결하는 물길이다. 마젤란해협도 마찬가지다.

세상의 끝 열차를 탄다. 젊은 현지 가이드 세 사람이 함께한다. 한 사람은 사진과 동영상을 부지런히 찍는다. 세 사람 말소리가 시끄럽다. 맑은 냇물이 흐른다. 시속 십 킬로미터 이하로 움직인다.

구름도 우리 열차와 나란히 날린다. 산능성이마다 제 나름의 랑구스 단풍 띠가 형성되었다. 식물도 고도에 따라 자생하는 종류가 다르다. 맑은 공기와 깨끗한 물 머금은 남미의 단풍은 채도와 명도가 선명하다. 안개 넘어가는 산기슭 햇살은 우아한 랑구스 단풍에 향수를 뿌린다.

기차가 점점 속도를 낸다. 사진을 찍어 구매 권유하는 영업 구간이 끝나고 시냇물을 지난다. 남미의 끝 우수아이아 열차에서 남편과 마주 앉아 여유로운 상념에 잠긴다. 오디오에서 스페인어 안내방송과 음악이 흐른다. 의미를 일일이 알아듣지 못해도 뉘앙스로 받아들여 나만의 정취로 해석하며 여행의 맛을 더한다.

세상의 끝 아르헨티나 우수아이아의 비글해협 전경

지금은 오전 열한 시다. 체크아웃하고 Los Hays Ushuaia 호텔 이 층 카페테리아에 앉았다. 삼삼오오 담소 즐기며 점심을 기다린다. 남편은 소파에 기대어 잠을 청하고 나는 시내가 내려다보이는 소파에 앉아서 단상을 메모한다.

제주 이 선생님 소개로 큰 바위와 함께 설계된 피트니스 센터를 둘러본다. 내가 미처 가보지 못한 곳이다. 돌덩이도 주춧돌과 벽 일부가 되어 자연 친화적 건물이 돋보인다. 둘이서 건물 내부의 느낌을 한참 동안 수다 나눈다. 사진도 찰칵!

우수아이아를 떠나 부에노스아이레스로 비행한다. 우수아이아 시내 관광을 못 하고 떠나서 못내 아쉽다. 지난밤 보름달이 휘영청 밝은 호텔 주변 안데스산맥 풍광이 너무 아름다워서 시내로 가지 않고 호텔 주변을 산책하느라 시간을 다 써버렸다. 유튜브로 찾아서 보여주겠다는 남편 말에 위로 삼는다.

- 2025. 04. 05. 수, 여행 제29일

영광과 비애의 도시 부에노스아이레스다. 대통령궁과 프란치스코 교황이 추기경 시절 집무실이었던 메트로폴리탄 대성당, 아르헨티나 영광을 다졌던 십칠, 십팔 세기 부두 노동자의 활동 무대를 둘러보았다.

아르헨티나는 스페인의 지배와 영향을 받으며 한때 세계 5위 대국으로 발돋움했다. 그 당시 부와 권력의 상징이 오벨리스크였다. 오벨리스크 제작을 이집트에 요청했으나 거절당하고 가짜 오벨리스크를 제작하여 부에노스아이레스 중앙광장에 세웠다. 아이러니하게도 이때부터 아르헨티나는 나락의 길로 접어들었다는 역사 에피소드가 있다.

첫 느낌이 매머드적이다. 스페인풍 도시와 잘 조성된 숲이 눈에 띈다. 가로수가 우거진 거목이라 거리의 품격도 높다. 왕복 이십 차선 도로가 세계적인 도시임을 반증한다. 몰려든 관광객을 유치하려고 슈퍼마켓, 주점, 탱고 쇼 극장들이 불야성을 이루고 심야에도 인산인해다. 중앙광장에 우뚝 솟은 가짜 오벨리스크가 휘황찬란하다.

탱고 쇼 극장에서 크림수프, 연어 스테이크, 초콜릿 스무디 코스 요리를 먹으며 자정까지 공연을 즐겼다. 부두 노동자 까미노에서 시작된 탱고가 아르헨티나를 대표하는 문화가 되었다. 많은 여행객이 공연을 보기 위해 자리를 메웠다. 무대가 4단이다. 높은 천장 아래 4단 무대에서 악사들이 연주하면 그 아래인 3단과 2단에서 열정적인 탱고를 선보인다. 홀에 있는 본무대에서는 탱고 군무를 펼친다. 의상이 화려할 뿐 아니라 춤사위도 열정적이고 역동적이다. 분위기에 고무된 관중들은 와인 잔 부딪치며 휘파람과 환호로 즐긴다.

- 2023. 04. 06. 목, 여행 제30일

부에노스아이레스 중앙광장을 둘러본다. 남미는 유럽의 아류로 발전하고 유럽은 그리스의 아류로 발전한다. 성당을 출발해 두테르테 가문 가족 묘지를 찾았다. 모슬렘 육천 가족이 안치되어 규모가 크다. 카타콤으로 출발할 때 문 앞에 톱날을 든 복면 악사가 돈 바구니 앞에 서 있다. 십 페소 지폐 한 장을 던졌더니 인사를 꾸벅하고 톱날 세 칸만 움직여 띠잉~ 하고 만다. 내가 더 연주해달라는 몸짓에 거만한 으름장이다. 돈이 너무 적어 톱날 연주를 더 할 수 없다는 제스처다. 거리의 낭만 악사도 자본주의 세상을 살아가는 사업가다. 여행 막바지라 현지 지폐가 없다. 마음이 씁쓸하다.

점심 전에 짬을 내어 세상에서 가장 큰 서점 '엘 아테네오'에 들렀다. 채 대표가 주차 전쟁을 뚫고 어렵게 결정한 여행 보너스다. 『마팔다』 퀴노 한 권을 샀다. 『일리아스』 라틴어판을 사고 싶었는데 서점 공간이 너무 넓고 여러 층인 데다 시간에 쫓겨 찾을 수가 없었다. 높은 건물 중앙을 뚫어 한 공간으로 통일시킨 서점이었다. 세상의 책을 다 모아놓은 듯 서가에 책 꽂혀 있는 벽면이 아름다운 예술품이었다. 뜻밖의 서점 방문에 행복했다.

점심은 지역 교포 식당에서 한식이다. 이 지역에서 제일 유명하다는 토르토니Tortonli 카페는 줄이 너무 길어서 통과했다. 이구아수 폭포 관광을 위해 비행 중이다. 모자, 수건, 장갑, 머리 캡, 슬리퍼, 선글라스, 소지품 주의, 야생동물과 벌레 조심이라는 톡이 뜬다. 파라나 강이 유입되는 라플라타 강 상공이다.

부에노스아이레스 이륙 한 시간쯤 지났다. 깜박 졸고 눈을 뜨니 오른쪽 얼굴에 빛이 든다. 비행기 속에서 날개 아래로 보름달이 찬연하다. 달빛 받은 구름 무리 위로 비단 윤기 흐르고 땅에서는 인류의 불빛이 반짝인다. 사람의 흔적은 정겨움을 부른다. 망망대해 하늘을 날 때는 검은 고독과 흰 고독을 익힌다. 깊은 사유의 창으로 세상을 음미하는 나만의 방식이다. 며칠 전 여행 안내자가 검은 고독 흰 고독을 언급했다. 바람과 희망은 늘 내 가슴에 하얀 고독을 안긴다. 내 프레임에 따른 해석의 결과라 인정하면서도 벗어나지 못하는 한계는 또 무엇이란 말인가.

착륙을 위하여 비행기 날개가 오른쪽으로 선회하고 사람이 갈구하는 땅은 점점 다가온다. 땅 위의 점묘화 화소들이 가까워지면 보름 달빛은 쓰다듬고 희석하는 달무리를 그린다. 고요를 타고 흐르는 달빛이 삶을 아우르는 달무리 되는 시간 우리는 이구아수 공항에 발을 딛는다.

- 2023. 04. 07. 금, 여행 제31일

아르헨티나와 브라질 국경을 수놓는 이구아수 폭포

오늘은 종일 위치를 바꿔가며 아르헨티나 쪽 이구아수 폭포를 감상하는 일정이다. 이구아수 폭포는 아르헨티나에 팔십 퍼센트, 브라질에 이십 퍼센트 걸쳐 있다. 일찍 출발하여 삼림 지역을 한 시간쯤 걸어간다. 쾌속정을 타고 악마의 목구멍이라는 폭포 물줄기의 가장 중심으로 깜짝 들어가는 체험도 한다. 갑판에 철제 난간 길을 따라 삼 킬로미터를 걸으며 여러 방향에서 바라본다. 텔레비전에서 본 것만큼 수량이 많지 않다.

가뭄 때문이라는데, 1970년대 한때는 물기둥이 사라질 정도로 가물 때도 있었단다. 그래도 규모와 물기둥 숫자, 중심 폭포의 위세는 말로 표현할 수 없을 정도로 힘차다. 땡볕이 내리쬐는 상류는 잔잔한데 물길이 합쳐지고 낙차에 의해 거대한 물줄기가 되어 폭포 장관을 연출한다.

사순절 인파에 밀려 사진 한 장 찍을 틈도 없다. 폭포를 감상할 자리와 사진 자리 잡기가 별 따기만큼 힘들다. 자국의 가족 단위 여행객까지 모여들어 길을 꽉 메운다.

이구아수 폭포는 함몰형 폭포다. 자수정이 유명하다. 이구아수로 유입되는 수분은 아마존 숲이 아니라 대서양 우림이다. 천팔백

헥타르 이구아수 국립공원은 서른두 개 부족과 과라니 민족, 정부 지원과 기념품 판매로 살아간다. 방수 가방, 두꺼운 구명조끼, 헤어 캡, 슬리퍼를 받는다. 벌레 퇴치제는 필수다. 배를 타고 악마의 목구멍으로 세 번 들어간다. 안전 요원이 신호를 보내면 숫자를 외치며 마음의 준비를 한다. 악마의 목구멍으로 쾌속정이 쏠려 들어갈 때는 가슴을 쓸어내릴 만큼 무서우면서도 긴장감 만점이다. 구명조끼와 헤어 캡, 비옷도 소용없다. 온몸에 이구아수 폭포 물세례를 받는다. 세 번 연거푸 악마의 목구멍을 들여다보고 흠뻑 젖어 나오면 청정한 나로 다시 태어난 기분이 든다. 제이 루트를 한 시간 걸으며 풍경을 담고 나와 점심을 먹었다.

제삼 루트를 걸어서 돌아보고 나온다. 돌아가는 열차를 타기 위한 대기 장소 카페테리아 앞 광장이다. 이구아수의 명성! 이렇게 많은 사람이 모여들 만한 수량과 경관이다.

아르헨티나 쪽에서 바라본 이구아수 폭포 전경

이번 여행의 마지막 밤 저녁은 제주 부부, 서울 정 교수 부부와 함께했다. 남미 여행에서 제일 인상적인 곳이 어디인지 서로 나누었다. 남편은 알베르토 스테이크, 마추픽추와 우유니 사막을 꼽았다. 제주 부부는 마추픽추를, 서울 양 부부는 이구아수를 꼽았다. 나는 엘 찰텐 피츠로이와 쎄로또레 바위 봉우리를 보기 위한 여덟 시간 반의 랑구스 단풍길을 꼽았다. 내과 의사 정 선생님도 엘 찰텐 트레킹에 한 표를 더했다.

여행 마지막 밤을 어제와 같은 Mercure 호텔에서 정리한다. 이구아수 국립공원 지역이다.

- 2023. 04. 08. 토, 여행 제32일

아르헨티나 국경 검색대 통과하여 과라니 강변을 걷는다. 이구아수 폭포는 이백일흔다섯 개의 물기둥과 폭 칠 점 오 킬로미터의 규모를 자랑한다. 브라질 국경 지나 점심을 먹고 면세점에도 들렀다.

헬리콥터를 타고 이구아수 폭포 악마의 목구멍 위를 선회한다. 이구아수 폭포는 일 년에 이점 일 미터씩 깊어진다. 해마다 깊어지는 폭포수 아래를 '악마의 목구멍'이라고 부른다. 나는 뒷자리에 앉아 가려질 때도 있었다. 십오 분 비행이라 동영상 촬영도 쉽지 않았다. 전체 조망에만 눈을 돌렸다. 내리면서 조종사와 사진을 찍었다. 모니카가 찍은 사진도 사무실에서 찍은 사진과 똑같았다. 다른 팀들은 모두 이십 달러에 사진을 샀다.

마지막 여정은 조류 공원이다. 미로 같은 공원인데 여러 종류의 새들이 특이한 모습이나 소리로 눈길을 끈다. 더운 날씨에 숲속 그늘을 거닐며 둘러볼 수 있는 구조가 좋다. 출구를 찾지 못해 세 번이나 같은 곳을 오가며 긴장되는 순간이었다.

금정산 품으로 돌아오다

　이제 귀로다. 런던행 비행기 환승을 위한 검색대를 통과하면서 남편의 배낭에 있는 생수병과 보온병 물 때문에 걸렸다. 생수는 검색대에 버렸고 보온병 물이 문제였다. 직원이 뭐라고 하는데 알아들을 수가 없었다. 보온병을 빼앗길까. 병뚜껑 열라는 몸짓이다. 남편이 뚜껑을 열자 '페페' 한다. 어리둥절한 우리 부부를 보더니 마시는 시늉이다. 그제야 알아차리고 한 통의 물을 그 자리에서 나누어 다 마시고 빈 보온병을 보여준 뒤에 통과다. 이륙하기 전에 화장실을 두 번이나 가야 했다.
　채 대표는 다음 여행팀 인솔을 위해 로마로 간다. 모두 감사하다는 악수로 인사하며 헤어졌다.
　라탐항공 라운지에서 샐러드 수프 빵으로 요기했다. 대구 부부와 함께 있는데 서울 원 사모님도 우리 자리에 합류했다. 나는 와이파이 잡히는 곳에서 지금까지 밀린 톡 회신한다고 함께 이야기 나누지 못했다. 다음 여행도 함께 가자며 체력 단련 많이 연습해 오겠다고 말했다. 모두 편안하게 웃었다.

- 2023. 04. 09. 일, 여행 제33일

상파울루에서 런던행 기내다. 부처님식 건식 사우나 십 분으로 샤워에 대신한다. 곧 아침 시간이다. 승무원이 무엇을 먹을지 묻는다. 내가 남편과 의논하려는데 승무원이 두 가지의 음식을 보여주며 직접 설명한다. 우리는 치즈 샌드위치 오믈렛, 감자 방울토마토 구이에 과일 요구르트를 선택했다. 승무원의 미소 띤 친절에 마음이 따뜻해져 맛있는 아침 식사를 마쳤다.

오후 네 시에 런던 히스로 공항에 내렸다. 대한항공이 있는 제4 터미널로 이동하는데 셔틀 타고 이십 분 걸렸다. 카운터에서 히잡을 두른 직원 한 사람이 인천행 업무를 보고 있다. 우리 팀 스물세 명 발권에 칠십 분 지났다. 우리나라 디지털 업무와 서비스 정신이 얼마나 앞섰는지 자랑할 만하다. 내가 마지막에서 두 번째다. 기다려줘서 감사하다는 그의 말 한마디에 지겨웠던 마음이 눈 녹듯 사라진다.

대구 부부와 라운지로 이동했다. 샤워 시설은 물론이고 칵테일과 와인바가 있다. 식사 공간까지 완벽하게 갖춘 쉼터다.

인천행 비행기가 이륙하자 바로 식사 시각이다. 죽순에 어포魚脯 올린 식전 요리부터 먹는다. 고급 녹차를 마신 듯 입안에 달콤한 상쾌함이 감돈다. 론도 레드와인 한 잔도 받았다. 스테이크와 과일, 치즈, 포도, 홍차, 아이스크림까지 저녁을 마치고 쉬다가 잠들었다.

옆 좌석 모니카가 보습제 스프레이를 줘서 얼굴에 뿌렸더니 촉촉하고 매끄럽다. 정성껏 차린 아침도 기내에서 먹었다. 리무진과 택시를 번갈아 타고 자정 가까운 시각에 35일의 여정을 마치고 집에 왔다. 금정산 숲 향기가 어느 때보다 더 포근했다.

- 2023. 04. 10. 월 ~ 04. 11. 화, 여행 제34, 35일

5부

북극권으로 가다

자연의 섭리를 온몸으로 느끼는 곳 아이슬란드
흑과 백의 극치를 만끽한 노르웨이

자연의 섭리를 온몸으로 느끼는 곳
아이슬란드

지난해 열흘간 아이슬란드 여행을 다녀왔다. 인천공항에서 핀란드 여객기 편으로 헬싱키 공항을 경유, 열여덟 시간 비행 후 케플라비크 공항에 내렸다. 우리나라보다 아홉 시간 늦어 현지 시각은 오전 여덟 시였다. 아이슬란드 대사관 업무를 노르웨이 한국 대사관에서 겸하고 있었다.

노르웨이와 그린란드 사이에 있는 섬나라 아이슬란드는 북반구에서 위도가 가장 높다. 아이슬란드어를 사용하며 화폐는 크로나이다. 수도 레이캬비크는 한반도 절반의 크기지만 인구는 삼십칠만 명밖에 되지 않는다.

울퉁불퉁한 해안선과 이백여 개의 화산 분화구 지형으로 활화산도 수십 개에 달한다. 지진이 자주 발생하는 지역이지만 심각한 피해를 보는 경우는 거의 없다. 지진 덕분에 모든 지역에 온천이 생겨나 아이슬란드의 주요 천연자원 중 하나가 되었다. 수도 레이캬비크는 근처 지열 온천에서 파이프로 공급되는 뜨거운 물을 이용해 난방도 한다.

첫 여정은 싱크베틀리 국립공원

대통령 별장이 공원 내에 있고 세계에서 가장 먼저 의회정치가 생겨난 곳이다. 눈에 먼저 띈 것은 표지판이다. 지구의 표면은 여러 개의 거대한 암석판(지각판)으로 맨틀 위에서 천천히 이동한다는 판구조론을 설명한다. 가장 큰 북아메리카판 서쪽 경계는 지질학적으로 매우 활동적인 지역이다. 태평양판 및 다른 여러 판과 맞닿아 있어 강한 지진과 화산활동이 자주 발생하는데 아이슬란드가 여기에 속한다. 아이슬란드는 북아메리카판과 유라시아판이 서로 멀어지면서 형성된 섬나라로 두 판이 갈라지는 지점을 직접 관찰할 수 있는 지구상 몇 안 되는 특별한 장소다.

북아메리카판과 유라시아판 두 대륙을 잇는 상징적인 다리를 건넌다. 나는 두 판이 서로 밀쳐내면서 벌어진 틈의 모래 강도 걸어보고 이쪽저쪽 지형을 둘러보며 지질학 교과서 속으로 들어간다.

아이슬란드의 첫인상, 왜 나무와 숲이 없고 화산모래와 자갈을 이끼류가 덮고 있는 땅인가? 왜 음지 식물인 이끼가 햇살 비추는 양지쪽에 지천인가? 빙하가 흘러내리면서 화산지대의 수증기가 폭포수처럼 낙하하다 다시 상승하여 구름이 형성되고 땅에 그늘을 드리워 영하의 땅에서 지의류 생명체가 힘을 벋친 땅이 아이슬란드다.

이끼 속에 피어난 꽃에서 눈을 뗄 수가 없다. 땅에 달라붙듯 낮은 키에 색색의 영롱한 꽃을 피운다. 야생화는 아이슬란드에서 처음 시작되었다. 겹겹이 이끼로 덮인 야생화 군락지에 키가 제일 작다는 나무도 보았다. 이끼 속에서 고개를 내민 손마디 높이의 크로우베리가 무겁게 자색 열매 달고 고개를 숙인 모습에 놀라지 않을 수 없었다. 안내자의 설명이 없었더라면 무심히 밟고 지나갔을 것이다. 크로우베리를 한 알 따서 입에 넣는다. 과즙이 많아 달달하고 싱싱하다. 여행이 끝날 때까지 틈틈이 크로우베리 천연 농원에서 몰아의 시간을 보낸다. 겨우 이 센티미터 정도의 크로우베리가 이끼를 비집고 나온 나무의 모습이라니. 작은 몸에 예닐곱이나 되는 열매를 달고 말, 양, 여우, 철새를 유혹한다. 이렇게 척박한 환경에도 생명체들의 공존 DNA를 만들어내는 조화가 경이롭다. 대지의 넉넉함에 외경심을 갖는다.

굴포스로 이동했다. 아이슬란드 최대 규모의 황금 폭포에서 비옷을 입고 바람과 물보라에 대비했지만 멀리까지 날아오는 물방울 세례와 흩날리는 무지개를 잡느라 옷이 젖는 줄도 몰랐다. 굴포스에서 간헐천 게이시르까지 걸었다. 텔레비전에서 많이 보던 장면이었다. 오 분마다 한 번씩 땅 밑 온천이 하늘로 솟아올랐다. 높이에 놀라고 물의 양과 열기에 감탄이 절로 나왔다. 주변 수십 개의 웅덩이에서 진흙이 부글부글 끓고 유황 냄새 진동하는 수증기가 몽환적이었다. 오늘 둘러본 굴포스와 게이시르, 시크릿라군 세 곳은 골든 서클 여행 코스였다. 우리는 최초의 상업 온천 시설인 시크릿라군에서 몸을 풀며 첫 여정을 접었다.

여행 사흘째

아침 아홉 시, 에이아피아트라 섬 요쿨 빙하를 바라보며 아이슬란드 1번 주도를 시속 구십 킬로미터로 달렸다. 아이슬란드에는 철도가 없다. 주요 간선도로 대부분이 해안선을 따라 나 있다. 항공편이 한정된 도로 체계를 극복하는 중심 역할을 한다. 무거운 화물은 선박을 통해 운송한다. 가도 가도 끝없는 대평원 끝자락 협곡에서 글루가 폭포와 셀라란즈 폭포를 만난다. 두 폭포에서 수직으로 떨어지는 물보라 파노라마는 쌍무지개가 떠 장관을 이룬다. 이십여 분 더 달리면 남부 자연경관을 만끽할 수 있는 스코가 폭포다. 양 떼가 풀을 뜯고 있는 넓은 목초지다. 목가적인 정경을 담고 루치아노 파바로티의 '생명의 양식'을 들으며 점심시간까지 달렸다. 이국적 드라이브 힐링 코스다.

오후에는 퍼핀 새의 서식지로 알려진 다르홀레이 빙하를 보며 달렸다. 파도가 밀려오는 해안선 아득히 새들이 줄지어 날아오른다. 남쪽 길 중간쯤에 있는 레이니스피아라 절벽은 가장 아름답고 규모가 큰 주상절리 공원이다. 세계 각국에서 몰려온 관광객이 발 디딜 틈 없을 만큼 북적인다. 영하의 기온에도 하얀 드레스와 턱시도를 입은 결혼식 주인공의 하객도 된다. 이 해변을 따라 차를 달려 아이슬란드 최남단 마을 비크에서 점심을 먹었다.

샤크 길을 달려 천혜의 캠핑장 잔디밭에 내렸다. 여기서 삼십 분 명상! 묵언 수행으로 살아 있는 땅 이끼 카펫을 걸었다. 나는 크로우베리 열매를 한 줌 따 입안 가득 머금고 달달한 보라색 입술로 용암지대 위에 펼쳐진 이끼 길을 따라 혼자 걸었다. 양쪽 절벽에 두껍게 자리 잡은 이끼가 오후 햇살에 초록으로 빛난다. 각 나라의 개성을 뿜어내는 초원 위의 캠핑 가족들 텐트 지붕은 진정한 여유를 즐기는 삶의 지극한 행복을 마음에 뿌려준다. 그 속에 한 점, 내 여행도 무르익고 있다.

여행 나흘째

새벽 다섯 시 반이다. 프야드라우르클리푸르 태고의 신비한 세상을 맞이하는 시간이다. 홀로 걷는 독일 소녀와 만나 함께 걷는다. 아이슬란드 남쪽을 관장한다는 거인 신을 집단으로 조성한 트롤리 마을에서 우리도 트롤리가 된다. 트롤리의 모습을 흉내 내고 팔짱과 어깨동무 춤사위로 멋을 부리며 표정 관리에 바쁘다.

지질학 자연생태 교과서의 다음 페이지는 오로라 화산이다. 멀리서 치솟는 불기둥을 바라보며 가장 큰 규모의 빙하지대를 향해 달린다. 멀리 있지만 막힘없는 도로를 달리면 늘 수평선과 지평선 전체가 파노라마 캔버스로 다가온다. 스카얼라 빙하가 형성된 로우마리파르 마운틴이다. 빙하가 흘러내리면서 만들어진 흑색 자갈 대평원은 대지를 덮고 있는 아이슬란드 이끼도 밀어낸다.

오후 세 시, 빙하와 마주한다. 태고의 자국들이다. 유빙이 촘촘히 물길을 만들고 그 사이로 일곱 사람이 보팅 탐험 활동 중이다. 삶의 새로운 경험은 사색과 명상만큼 가치 있다. 그들은 유빙 사이로 노를 저으며 나아가 탐구 자료를 모으고 나는 유빙에 마음을 고정하고 명상에 잠긴다. 적어도 오백 년 전에 형성된 다이아몬드 빛 유빙의 조용한 움직임에 내 마음을 담아본다. 그들의 속삭임에 나도 함께인 듯 취해버린 시간이나.

지구가 나와 같이 숨 쉬며 말을 걸어오는 것 같은 느낌이 좋다. 환경과 기후에 순응하는 자연의 섭리로 모든 사물이 공존하는 천혜의 장소에서 내 자아와 마주한다. 북극권 아이슬란드 자연 보전과 회복이 우리 지구의 회생으로 이어진다. 두 번째인 삼십 분의 묵언 시간, 빙하 앞에 앉으면 찰나다. 겸손해진다. 삶의 철학적 한 순간을 만끽할 수 있도록 시간을 허락해준 일행의 배려에 찡하다.

흑갈색을 둘러싼 하얀 빙하 앞에 선다. 하트 모양이다. 자연적으로 만들어진 하트 모양이 저리도 선명할 수 있을까. 순수와 은유의 시작! 건강과 행복을 쌓는다. 이 조각들이 물이 되어 땅으로 스며들고 증발하여 구름이 되고, 다시 눈발이 되고 빙하로 굳어져 영원의 시간으로 이어갈 것이다. 유빙 조각들이 모자이크 그림처럼 어우러진다. 우리 삶도 가만히 들여다보면 늘 그대로인데 점점이 흩어져 제 모양과 색깔을 내며 같은 듯 다르게 흘러간다. 달과 별처럼 시간에 닻을 올리고 앞으로 나아간다.

이 시각에, 여기에 나만 존재한다면 내 존재 이유와 사색의 의미는 무엇일까. 무색, 무취, 무언! 색즉시공 공즉시색 아제아제 바라아제 바라승아제 모지 사바하!

여행 닷새째

아침 아홉 시부터 빙하 트레킹에 나선다. 군용트럭 같은 빙하 트레킹 전용 차량에 올라 입구에 닿았다. 등산화에 아이젠을 신고 끈을 조였다. 안전모를 쓰고 구명조끼도 입고 스틱을 짚으며 전문 진행 요원을 뒤따라 한 걸음씩 걸었다. 빙하 동굴 이루며 물줄기 녹아내리는 곳에서 빙하수 한 잔씩을 감로주로 마셨다. 빙하 표면을 한동안 걷고 내려왔다. 빙하에 눌리고 떠밀려 신사 모자 같은 산굽이를 돌고 도는 드라이브가 이어진다. 두 시간을 달려 주도로와 이웃한 블랙다이아몬드 비치에 섰다. 앞에 보이는 산도 해안 쪽이 더 높다. 어제는 멀리서 바라보았고 오늘은 직접 밟으며 체험했던 빙하의 마지막 유빙이 에메랄드빛을 반사하며 조금씩 사위어 흐르고 흘러간다.

해변은 검고 고운 모래밭이다. 선글라스와 모자에 버프로 얼굴을 가리고 장갑도 낀다. 깨알 같은 검은 모래가 검은 회오리바람을 일으키며 온몸으로 달려든다. 롱패딩 점퍼에 모래 알갱이 부딪히는 소리가 엔돌핀 소리로 변주된다. '다다다다 닥닥 다다다닥!' 형언할 수 없는 모래알 음계가 마음을 두드린다. 내 옆에 섰던 란이 언니는 모래 음악과 흘러가는 유빙에 넋 놓고 걷다가 그만 넘어졌다. 블랙다이아몬드 비치 천국에 빠졌던 일행이 모두 일상으로 돌아오는 사건이었다.

눈에 익은 1번 도로로 달린다. 차에 희생된 동물 사체가 보인다. 수도 레이캬비크 국민 절반 이상이 요정이 있다는 설문에 그렇다고 응답했다. 아이슬란드는 끈끈한 가족공동체 문화다. 크리스마스 시즌에는 몇몇 호텔만 영업하고 그 외는 모두 문을 닫는다. 심지어 국제 여객기 기장도 가족과 함께 성탄절을 보내기 위하여 근무하지 않는다. 6월부터 8월까지 이어지는 긴 축제 기간을 온 국민이 즐긴다.

오후 다섯 시경에 피라미드 산을 지난다. 이 아이슬란드 여름 철새인 퍼핀의 도래지다. 지금은 겨울로 가는 길목이어선지 퍼핀은 보이지 않는다. 파도가 끊임없이 해안선에 밀려오며 조약돌 음악 소리로 향수를 부른다. 정 대표는 모든 것을 비우고 깊은 내면으로 돌아가는 여행을 주문한다. 랑가부더 마을 화장실에 들렀다가 아틱차 양식 어장 가두리가 즐비한 해안선을 바라보며 뱌트나요쿨 그레이스로 달린다.

포장된 1번 주도를 벗어나자 옥시길 비포장도로로 이어진다. 핑크와 파스텔색 하늘에 마음이 홀린다. 해넘이 장관인 고갯길에 닿았을 때는 오후 여덟 시경이었다. 땅거미 내려앉은 사위에 분홍 노을이 피카소의 추상화 그림처럼 연이어 펼쳐지고 자동차 속 오디오에서 이문세의 노래가 흐른다. '그리운 것은 그리운 대로 내 맘에 둘 거야…' 어둠은 짙어가고 노을은 다채롭고 화려하다. 발길을 옮기고 싶지 않았다.

Iceland sunset road!

늦은 시각에 옛날 은행 건물을 개조한 알단Aldan 호텔로 들어선다. 삐걱거리는 나무 계단으로 캐리어를 끌고 올라가는 고행의 순간도 얼마나 포근하고 편안한지. 자원을 소중히 아끼는 아이슬란드 정책에 동화되어 사람도 자연의 일부라는 마음이 싹을 틔워 이파리가 파릇하다. 세계 각국에서 여행자가 모여들지만, 누구 한 사람도 자연을 훼손하는 일 없이 서로 감시자가 된다. 나도 그렇다.

깊은 잠에서 눈뜬 엿새째 날

은행이었던 알단 호텔은 동네 중심에 있다. 화물 선착장이 있는 바다를 끼고 노랗고 빨간 지붕의 아담한 마을을 산책한다. 동네 도서관에도 들른다. 근무 중인 사서 선생님과 이야기를 나누고 도서관 내부를 둘러보며 어떤 책이 있는지 살펴보는 행운을 누린다.

달 표면 같은 새이디스 피오르드 해안 길을 달려 점심시간에 데티포스에 도착했다. 웅장한 데티포스 폭포가 이 협곡으로 쏟아진다. 규모가 크지 않지만, 빙하에서 시작된 거대한 물줄기가 화산재와 화산모래를 몰고 떨어지는 흑색 물줄기 위력이 삼백 미터 이상 거리까지 가랑비를 뿌린다. 용암들이 즐비한 주변도 장관이다. 사십사 미터 높이에서 하얀 물거품을 일으키며 떨어지는 위치와 모양은 일품이고 시시로 다른 무지개 풍광도 유럽에서 가장 아름다운 폭포로 이름났다.

우리 여행은 처음부터 다른 여행객들이 좀처럼 들어서지 못하는 비포장 중앙 내륙 길 횡단 일정을 잡았다. 스쳐 지나가는 자연을 귀와 눈과 온몸으로 체감하는 시간은 관광이 아니라 진정한 여행이 된다. 차 속에 앉아 있는 시간이 길어 몸이 찌뿌둥하다. 폭포를 한 바퀴 돌고 나오면서 국민체조와 스트레칭으로 몸을 푼다. 다른 관광색도 우리와 힘께 팔다리를 흔들고 띕띠기를 하니 주변 사람 모두 즐겁다. 오후 세 시다. 수평선 아래로 돌아가는 태양을 바라보며 미바튼 온천으로 향한다.

북부 바이킹족은 혹한을 견디기 힘들었다. 살길을 찾아 남쪽으로 이동하다 발견한 미바튼 온천은 천국 같은 별천지였다. 오가는 길을 기억하고 후손에게 알리기 위하여 피라미드 모양의 작은 돌무더기를 일정한 간격으로 쌓은 것이 도로 따라 이어졌다. 이 돌무더기를 따라 지금의 미바튼 온천 도로가 조성되었다. 처음에는 불가사의한 외계인의 행적이라 여겼으나 연구와 탐사를 계속하여 밝혀졌다. 결국 이 돌무더기 길은 스프랑기산두르와 만날라우가르 아스캬 길과도 연결되는 아이슬란드 내륙 중심 도로가 되었다.

하일랜드센터 호텔에서 여장을 풀었다. 시멘트 마감 처리된 우리나라의 식당이나 카페 내부 같다. 딱딱한 느낌이지만 단순하고 견고하며 자재를 아끼고 재활용한 자연 친화적 환경에 공감하며 깊이 잘 잤다.

여행 일주일째

지난밤을 보낸 하일랜드 센터 호텔은 우사를 호텔로 개조한 곳이다. 아침을 먹고 풀잎 파도가 넘실거리는 초원의 아침 공기를 맞으며 룸메이트와 한 시간 넘게 걷는다. 주변은 온통 건초더미 천지다. 건초더미를 요리조리 비켜 걷는데 오래전 어느 가수가 불렀던 '끝이 없는 길'을 시작으로 그 시대의 목가적인 노래를 쉼 없이 부른다. 그러다 숙이의 「빼앗긴 들에도 봄은 오는가」라는 시 낭송에 귀 기울이며 여유를 누린다. 우리가 풀어내는 노래와 시 낭송이 풀잎 파도를 타고 파란 하늘을 흐른다. 소중한 인연이 여행에 맛을 더한다.

오늘도 아홉 시 반에 출발하여 금방 고다포스에 도착했다. 쌍무지개 춤추는 도심 폭포다. 하늘은 파랗고 솟아오른 물줄기 주변으로 바람 따라 이리저리 무지개가 춤춘다. 폭포마다 다른 얼굴로 다가오는 쌍무지개 춤사위가 발길을 붙잡는다. 경치 감상에 빠졌다가 다시 차에 올라 시속 팔십 킬로미터로 달린다. 차창 너머 경치를 담아보려는 욕심에 눈을 크게 뜨고 귀를 세운다. 왼쪽으로 호수를 끼고 초지를 가르며 달린다. 승차감이 포장길 못지않다. 오른쪽으로 언덕 지형이 이어진다. 지질학의 교과서라는 말이 실감 난다. 나는 구름의 그림자를 이고 우주인이 되어 달나라 흑갈색 자갈 구릉을 가르며 달려간다.

윤도현밴드의 '나는 나비'가 속도감 있게 울려 퍼진다. '날개를 활짝 펴고 세상을 자유롭게 날 거야. 나는 아름다운 나비…' 아이슬란드 숲이 가을을 손짓한다. 노란 단풍이 곱다. 억새 닮은 야생초가 하얀 꽃술 달고 밀밭 평원처럼 펼쳐진다. 햇살이 차창에 손을 내밀어 얼굴도 가슴도 따습다.

스프랑기산두르 삼백 킬로미터 비포장도로를 온종일 달린다. 사람의 손길을 최소화하고 자연 모습대로 보전하는 것을 최고의 가치로 여기는 아이슬란드 땅은 마주 오는 차량이나 인적이 드물다. 온종일 오토바이 관광객 세 사람과 정화조 오물 수거 탱크 차 한 대를 만났을 뿐이다. 여행객을 위하여 하루 한 번 운행하던 버스도 찾는 사람 없어 중단되었다. 지구 같지 않다. 내가 외계의 땅에 와 있는 듯하다. 흑색 자갈과 이어지는 구릉이 착시 현상 생길 만큼 끝없이 펼쳐진다. 아이슬란드 여행 최고의 경치와 스릴을 만끽한다.

달 표면 같은 스프란기산두르 내륙 중앙 도로

우리의 내륙 횡단은 군데군데 예고 없이 생겨난 빙하수 강을 건너야 한다. 스틱으로 물 깊이와 흐름을 가늠하고 차체가 물살을 견딜 수 있는 곳을 탐색한다. 타이어와 엔진에 무리하지 않는 깊이를 찾아 시간을 보내며 탐색 작전을 벌인 끝에 도강에 성공할 때마다 짜릿한 성취감과 안도의 숨을 내쉬며 박수와 환호로 순간을 즐긴다. 극한 직업 현장이 따로 없다.

멀리 호프스Hoffs 빙하를 바라보며 '볼레로' 노랫소리 높인다. 여기는 바트나요쿨 빙하 끝자락이다. 사방에서 흘러내리는 빙하수가 매일 다른 지점에서 강 되어 흐르는 스프란기산두르 내륙 중앙 도로는 우리 일행에게 쉽게 길을 열어주지 않는다. 네 번의 긴장감 넘치는 도강에 성공하고서야 멀리서 보았던 딱 삼각자 크기의 푸른 화장실을 만났다. 유일하게 사람을 만날 수 있는 나이달루우 산장에 도착하여 잠시 몸을 녹이고 커피와 준비해 온 샌드위치로 늦은 점심을 먹었다.

스프란기산두르 내륙 여행은 오로지 두 달만 허락된다. 7월 중순부터 9월 중순까지만 횡단할 수 있다. 이 기간에는 세계 각국의 자원봉사자들이 나이달루우 산장을 지키며 여행객의 안식처가 되어준다. 우리가 산장에 도착한 날은 9월 9일 일요일 오후, 바로 다음 날인 9월 10일은 길이 닫히는 날이다.

사십 대 중반의 여성 잉까가 격조 높은 미소와 반가운 악수로 우리를 맞았다. 두 달간의 봉사를 마치고 내일 본국으로 돌아간다는 덴마크 자원봉사자다. 사방 백 킬로미터 이내에 유일한 사람이다. 어떻게 이런 봉사를 할 수 있는지 물었다. '적막한 고요 속에서 자연의 소리에 귀 기울이며 자신과 대화하는 것이 좋다'라며 볼우물 깊이 팬 웃음을 보인다. 대단한 철학적 삶으로 인류가 전진하는 지킴이 역할을 해내는 숭고함에 고개 숙인다. 일정에 쫓긴 우리는 잠깐의 차담 후에 따뜻한 포옹과 악수를 하며 헤어졌다. 내년 7월에 다시 온단다. 봉사 파트너인 헝가리 친구가 일주일 전에 먼저 떠나고 우리가 도착했을 때는 잉까 혼자였다. 나는 산장의 비망록에 짧은 글을 남겼다.

나시 호프스 빙하를 끼고 달린다. 계속 오르막이다. 해발 팔백 미터 높은 언덕 쓰리스바튼 호수에 잠깐 멈춰 마지막 휴식을 취했다. 인터라켓 화산재 길 끝점은 하일랜드 반대 지역이다. 쓰리스바튼 호수는 이 지역의 칠십 퍼센트 수력발전을 일으킨다. 어둠이 내리고 있었다. 하루 내내 삼백 킬로미터 비포장도로를 달렸다. 우리가 도강의 위험을 감수하며 달린 스프란기산두르 길은 혹독한 겨울을 지낸 후에 목숨 걸고 사람을 만나러 가던 희망의 길이었다. 아이슬란드 옛 조상들은 식량이 떨어지기 전에 산간 사막을 건너 다시 섬의 사람이 사는 지역에 도착해야 했다. 말이 거의 죽을 지경이 될 때까지 최대한 빨리 달려야 했을 것이다. 그 길 끝에 다다르면 각지에서 온 가족 친지와 지인들이 기다리고 있었다. 역경을 이기며 달렸던 그들의 길이 우리 일행에게도 꿈을 꾸고 희망을 다지는 길이 되었다.

아스캬Askja 120 도로는 과거에 극적인 분화로 잘 알려졌다. 북쪽으로는 빙하의 강이 광활한 고원을 나눈다. 아스캬, 크베르프피월, 스나이펠 화산이 이 지역 위로 우뚝 솟아 있다. 특히 헤르두브레이드 테이블 마운틴이 눈에 띈다. 아이슬란드 사람들은 이곳을 '산의 여왕'이라 부른다. 나는 이 길을 달리는 내내 달나라 우주여행을 하는 것만 같았다. 아폴로 우주인들이 발사 전에 오랫동안 이곳에 와서 훈련했던 곳으로도 유명하다. 땅거미 내리는 도로를 자동차 불빛 밝히며 가까이에 있는 하이오포스까지 둘러보고 오늘의 안식처에서 몸과 마음을 정리한다. 하일랜드 호텔 별관에서 깊은 잠에 빠져들었다.

오늘은 여행 여덟째 날

여름 끝자락에 속한다. 거대 빙하와 폭포 외에도 눈과 얼음에 숨어 있던 아이슬란드 내륙까지 탐험할 수 있는 절호의 시기다. 란드

만날라우가르도 스프란기산두르와 마찬가지로 한 해에 단 두 달 만 열리는 내륙 길이다. 아이슬란드를 관통하는 여행을 할 수 있 는 흔치 않은 기회다. 아이슬란드의 속살, 가장 아이슬란드다운 모 습을 볼 수 있기 때문이다. 지구의 지구 같지 않은 모습은 도심 속 생활에 젖어 잊고 있었던 우리가 이 지구별의 아름다움을 새롭게 느낄 수 있도록 일깨운다.

여느 날과 다름없이 아침 아홉 시 출발이다. 며칠 사이에 기온이 더 떨어져 땅에 낮게 깔린 야생화와 크로우베리에도 가을 색이 짙 게 내렸다. 호수와 분화구를 몇 차례 지나고 두어 시간 달려 란드 만날라우가르 산장에 도착했다. 아이슬란드어로 국민의 수영장이 라는 뜻이다. 라우가베구르 하이킹 트레일 북쪽 끝 고원지대의 퍄 라바크 자연보호 구역 내에 있다. 15세기 말 분화로 형성되었는데 천연 지열 온천과 주변 경관이 손에 꼽힌다. 아이슬란드 관광협회 는 6월 중순부터 9월까지 투어를 허가한다. 작은 상점 세 개와 캠 프장, 침낭과 최대 팔십 명을 수용할 수 있는 숙박시설을 갖춘 산 장도 운영된다. 고원 순찰대도 활동한다. 이들은 법적으로 처벌할 권한을 가진다. 한국에서처럼 공원이나 산에서 술을 먹거나 담배 를 피우면 즉각 구속되며 상황에 따라 감옥에 가거나 추방당하여 다음 해외여행이 어려워진다.

바람이 강하고 차다. 옷을 몇 겹 더 겹쳐 입는다. 버퍼와 스패치 를 하고 스틱 길이도 조정한다. 바람의 산이라 불리는 란드만날라 우가르 해발 팔백 미터인 트레킹을 시작한다. 아이슬란드 남서부 황무지 지대인 란드만날라우가르의 브레니스테인살다 산은 다채로 운 색상의 지형과 암석으로 유명하다. 해가 진 후 붉은색과 녹색,

푸른색이 어우러진 오로라가 지면과 환상적인 풍경을 만들어낸다. 바람을 이겨내고 야코라이트 풍광을 감상하며 세 시간의 트레킹을 끝내고 산장에 앉는다. 밥, 라면, 쌀국수, 황탯국에 블루베리와 커피까지 끓이고 익혀서 나눠 먹는 오늘 점심은 행복 그 자체다. 먼저 다녀간 한국 관광객이 두고 간 쌀 덕분에 밥을 짓는다. 라면 국물과 씹히는 밥알이 눈물 나도록 반갑고 맛난다.

란드만날라우가르의 브레니스테인살다 산 야코라이트 지층

오후 세 시경에 갔던 길을 다시 돌아 나온다. 아이슬란드에서 제일 아름다운 비포장도로이다. 끝없는 평원에서 말이 풀을 뜯고 있는 모습이 무엇인가를 향한 그리움을 부른다. 자일리톨 잎을 뜯어 먹고 편안하게 앉아 되새김하는 양들의 하루를 근접 촬영도 했다. 중간에 마트도 들렀다. 무엇을 살 수 있는 단 한 번의 경험이었다.

이것도 여행의 한 과정으로 배려된 듯하다. 치즈와 초콜릿과 흑소금을 담는다. 상상을 초월하는 가격이다. 아이슬란드 화폐가 크로나라 했는데 한 번도 구경하지 못했고 다른 사람이 사용하는 것도 보지 못했다. 아예 현지인을 만나거나 본 적도 없다. 마트에서 나와 처음으로 4차선 도로에 접어든다. 수도인 레이캬비크 시내가 가까워진 이유다. 시내는 주상절리 표상의 오각형 건물이 많다. 중심지 호텔에서 짐을 풀었다.

시내를 한 바퀴 걸어서 돌았다. 텔레비전 방영으로 인기 높았던 아이슬란드 최초의 한국 식당 '서진이네 식당'은 수도 레이캬비크에 있다. 구글 지도를 보며 찾아갔다. 불은 켜져 있었지만, 식당은 모두 철시하여 흔적도 없었다. 창문을 통해 안을 살펴보니 그리 넓지 않았다. 연출과 촬영 기술이 얼마나 뛰어난지 놀랐다. 구글 지도에서 검색이 되고 이웃 술집 가게에서도 길을 안내해줄 정도로 꽤 소문이 난 것 같았다. 방송에서 보았던 바로 이웃 핫도그 가게는 늦은 시각까지 문을 열고 장사하고 있었다. 먼 아이슬란드에서 우리나라 프로그램의 흔적을 만나 반가웠다. 계속 이어져서 케이-푸드K-food의 맛을 이어갔으면 하는 아쉬움이 컸다.

'서진이네 식당'을 지나 유명하다는 호수를 찾아갔다. 레이캬비크 도심은 이 호수를 중심으로 시청과 교회 쪽으로 나뉜다. 유럽풍이 느껴지는 도시의 야경과 시청을 배경으로 사진을 찍었다. 다시 발길을 돌려 할그림스키르캬 교회 건물을 향해 걸었다. 아이슬란드 상징인 화산 모양의 교회다. 용암이 분출하는 듯한 오로라 불빛 야경이 아름답다고 안내했는데 첨탑 아래는 빛이 없었다. 콜럼버스보다 훨씬 이전에 아메리카 신대륙을 발견했다는 사람의 동상이

서 있다. 국민이 존경하는 인물을 교회 광장에 세운 것은 많은 사람이 크리스천임을 짐작하게 한다. 왼쪽으로 제법 넓은 공간이 보인다. 서진이네 공간이라 한다. 이곳 광장에서 일행의 두 막내 다니와 영진을 만나 잠시 더 걸었다.

우리가 투숙한 호텔은 식당이 운영되지 않아 월남 음식점을 찾아 들어갔다. 소고기 새우볶음밥을 시켜 나눠 먹었다. 금세 새우 알레르기로 목과 왼쪽 가슴 위에 생긴 붉은 반점으로 여행에 마침표를 찍는다. 호텔로 돌아와 짐을 정리하고 잠자리에 들었다. 오로라는 포기하고 편안한 잠을 택했다. 내 방문 앞으로 사람들이 지나가며 얘기하는 소리와 발소리까지 다 들린다.

9월 10일, 귀국

열흘간의 아이슬란드 여행이 꿈만 같다. 과연 내가 꿈속에서 나비가 된 것인가, 아니면 내가 나비의 꿈속을 다녀온 것인가. 모두가 본디 하나라는 심오함을 알 듯한 아이슬란드 여행이었다. 새벽 다섯 시에 출발하여 케플라비크 공항에 도착했다. 핀에어 헬싱키 공항을 경유하여, 열다섯 시간 비행하여 다음 날 열한 시에 인천공항에 도착했다. 부산행 리무진을 타고 집에 도착한 시각은 2024년 9월 10일 화요일 오후 열한 시였다.

흑과 백의 극치를 만끽한
노르웨이

아이슬란드 이야기로 한동안 바빴다. 우주여행이라도 다녀온 듯 아이슬란드 여행을 길어 올렸다. 아이슬란드에서 경험했던 감성과 이성을 영상과 말로 옮기느라 즐거웠다. 내 여행 이야기에 눈을 반짝이며 빠져들었던 사람들이 연이어 아이슬란드 여행 계획을 세웠다. 그러면서 마지막에 꼭 한마디 물었다. "그런데, 오로라는 봤어?"

아이슬란드 여행 하면 제일 먼저 오로라를 떠올리는 것에 놀랐다. 내 무의식은 무르익고 있었을까. 얼떨결에 오로라 헌팅의 길이 열렸다. 아이슬란드 여행 넉 달 만에 나는 파리행 비행기에 또 몸을 실었다. 오로라 여행을 위해 노르웨이 트롬쇠로 가는 길목이었다. 트롬쇠 공항은 건물 내부가 나무 계단으로 연결되었다. 깊은 세월의 흔적만큼 정감 있고 포근했다. 추위에 떨고 있는 가로등 불빛이 미명 밀치고 비현실적 자연으로 나를 맞았다.

설국雪國의 흑야, 센야와 로포텐

설국! 설국! 세상이 하얗다. 설국인 겨울 노르웨이는 대낮에도 어둑어둑하다. 새벽은 칠흑 적막이 감돈다. 여명인지 미명인지 애매한 흑야다. 우리나라의 땅거미 내리는 저녁나절 어스름이 계속된다. 가로등과 건물 안에 밝혀진 전등 불빛뿐이다. 트롬쇠 공항 인근 호텔에서 1박을 하고 작은 노르웨이라 불리는 센야를 지나 로포텐으로 간다.

북부 해안 도로를 줄곧 달린다. 센야에 날카롭게 서 있는 산들은 오로라를 더욱 선명하게 보여줄 것 같다. 센야 다리를 여러 번 건너 최남단 로포텐으로 향한다. 본국 사람들도 죽기 전에 꼭 가보고 싶어 하는 곳이다. 로포텐은 빙하의 잠식으로 깎인 대지가 바다에 잠긴 채 형성된 섬이다. 산 절벽이 바다 위로 솟아 있어 바다에 떠 있는 알프스 정상이라고도 불린다. 주변 여러 섬과 남북으로 길게 뻗은 군도 중 하나다.

점심 먹으려고 세벨라해텐 레스토랑에 왔는데 조용하다. 불빛만 흐르고 문은 닫혔다. 우리는 점심을 먹기 위해 인적 있는 마을을 찾아 한 시간을 더 달려야 했다. 인공의 불빛이 없어 깜깜한 밤에 오로라를 볼 수 있는 로포텐 북쪽 끝자락은 사방이 설산 분지고 바로 앞은 바다다.

달력 속에서 빛났던 레이네 마을

로포텐 제도 작은 어촌 마을 레이네Reine는 숨은 진주로 불리는 섬이다. 빨간색 전통 목조 주택이 맑은 피오르 바다 위에 띄워진 그림 같다. 깊은 피오르와 아름다운 산들로 둘러싸인 모습을 사진으로 남기고 싶은 욕심에 여러 번 카메라를 누른다.

레이네는 자연환경과 인간의 삶이 조화롭다. 초기 정착민 바이킹Viking 시대부터 대규모 어업으로 자연미와 공동체 문화가 공존한다. 주민들은 여전히 전통적인 수산물과 농산물로 식사를 마련하고, 그들의 요리법과 생활 방식을 관광객과 공유하며 정감을 나눈다. 마을을 찬찬히 돌아보며 사람들 생활 모습을 엿본다. 자연의 아름다움과 마을의 전통문화를 즐기는 여행을 하기에 좋다. 레이네를 감싸고 있는 전경은 산과 바다가 맞닿아 있어 독특한 조화를 이룬다. 해안선 절벽과 푸른 바다는 마치 아름다운 캔버스 위에 직접 그린 듯하다. 특히 겨울철에는 해가 짧아지면서 베일에 싸인 흑야의 일출과 일몰이 대비되는 풍경을 선사한다.

다섯 번의 헌팅으로 경험한 신의 영혼 오로라

북극권 겨울 여행 목적은 오로지 오로라다. 우리나라에서 미세먼지 농도와 기상 현상을 시시각각 알려주듯이 노르웨이에서도 오로라 지수가 실시간 제공된다. 0에서 9까지 숫자로 표시된다. 사람의 눈에 감지되는 오로라 지수는 3부터다. 우리는 흑야의 북극권에서 블루아우어Blue hour의 고즈넉한 풍경을 즐기며 희미한 낮을 최대한 활용하여 여행 목적지 로포텐에서 짐을 푼다. 여드레 동안 오로라를 헌팅할 예정이다. 몇 차례나 오로라를 볼 수 있을지 기대와 설렘이 교차한다.

오는 길에 주유소에 들렀다. 리터당 20.90크로네다. 우리 돈으로 이천칠백십 원이라 물가를 가늠한다. 운전자가 쉬어야 하는 시간에 물안개 오르는 호숫가에 잠시 서면 나는 움직이는 진경산수화의 한 폭이 된다. 잎 떨군 북극의 나목 잔가지에 눈꽃이 절정이다. 차 계기판은 영하 이십사 도다.

바르두Bardu 비제르크바크 마을이다. 푸드카페에서 햄버거 점심을 먹고 다리를 건너는데 줄줄이 차가 막힌다. 차량 접촉 사고다. 삼십 분 정도 정지다. 모두 차에서 내려 몸을 푼다. 바람이 자고 방한복으로 무장해서 영하 이십사 도를 겁내지 않았는데 십 분을 버티지 못하고 차에 오른다. 자리에 앉으려는데 옷에 감겨 있던 찬 기운이 살갗을 파고든다. 몸이 옴짝달싹 얼어붙는다. 듣기만 했던 북극권 추위가 대단하다.

지루하고 추운 시간을 이겨내려고 한글 자음 순서로 낱말 잇기 게임을 한다. 단어를 얼른 말하지 못해 벌점 받을 순간에 엉뚱한 말로 주의를 분산시켜 배꼽을 잡는다. 명순, 병순 두 언니는 위기를 지혜롭게 빠져나간다. 교통사고가 정리되어 숙소를 향해 달린다. 이동하는 길 자체가 아름답다. 곳곳에 대자연의 풍경이 펼쳐진다.

정 대표가 갑자기 갓길에 차를 세웠다. 오로라 떴으니 빨리 내리라 했다. 야단법석이었다. 앞쪽 하늘빛이 회오리쳤다. 교통사고 때문에 지체한 시간이 결코 우연이 아니었다. 그 시간만큼 어둠이 짙어졌기에 길 위에서 오로라를 만나는 행운이 찾아왔다.

세상사 내가 경험하지 않으면 마음대로 상상할 따름이다. 나는 지상파 방송이나 유튜브 영상으로 본 오로라를 떠올린다. 지금 눈앞에 펼쳐진 오로라 현상과는 딴판이다. 놀랍다. 방송으로 본 오로라는 모두 초록이었는데 지금 하늘을 수놓는 오로라는 하양 같기도 하고 연보라 같기도 하다. 산자락 뒤에서 하늘을 가로질러 춤추듯 일렁거리며 반대편 산자락으로 사라진다. 길 위에서 만난 첫 번째 오로라는 십여 분 만에 막을 내린다. 오로라를 봤다는 것으로 대만족이다.

로포텐 호텔에 도착해 쉬는데 톡이 울린다. 십오 분 후에 오로라 헌팅 출발한다는 알림이다. 두 번째 오로라 헌팅을 위해 생식과 누룽지 가루를 타서 후루룩 마시고 나선다. 헌팅 장소로 알려진 산자락 눈밭에서 서성인다. 한 시간을 기다렸는데 오로라 조짐조차 없다. 밤 열 시에 철수하여 호텔로 돌아온다.

새벽 세 시에 오로라 떴다는 톡이 또 울린다. 세 번째 오로라 헌팅에 나선다. 오로라는 촌음을 다툰다. 겉옷만 벗고 잠들었던 나는 잠결에 겉옷을 걸치고 담요를 몸에 감고 뜨거운 물 한 잔 후 출발이다. 단 오 분 만에 오로라 헌팅 장소에 내려준다. 어제 오전에 걸었던 설국 평원에서 아슴푸레한 오로라가 하늘을 가른다. 인솔자는 실망한 빛이 역력했지만 우리는 좋아서 시끌시끌하다.

빛이 희미했지만, 길 위에서 본 첫 번째 오로라보다 넓게 퍼져 나가기를 반복해 삼십 분 동안 계속된다. 동편 하늘부터 서서히 시작된다. 나는 눈을 하늘에 대고 뱅글뱅글 돌면서 빛 축제에 넋을 뺀다. 오로라를 두 번이나 직접 본 것만으로 충분하다. 돌아와 눈만 붙이고 호텔 조식에서 만난다. 호밀 죽과 연어, 요구르트로 메뉴는 단출하지만 영양 만점 식단이다. 우리 팀만을 위해 마련한 음식이라 고마운 마음 가득하다.

다음 날도 호텔 로비에서 만나 저녁을 먹었다. 생선 수프와 쇠고기 스테이크였다. 싱싱한 재료로 만들어 고급스러운 비주얼에 침이 돌았다. 보기와 달리 내 입맛보다 살짝 짜서 실망스러웠지만 거의 다 먹었다. 자정이 가까웠을 때 다시 헌팅 출동했다.

　세 번째 오로라는 다섯 번째 헌팅으로 만났다. 숙소에서 십 분 정도 차를 달려 산 아래 포인터 지점에서 내렸다. 오로라를 관망하는 명소인가 보다. 공터가 조성되어 있고 난방시설이 된 화장실도 있다.

　빛이 섬광처럼 번져가다 노랑 띠가 솟아오른다. 보라와 붉은 색깔이 쉴 틈 없이 움직이며 띠를 이루다 흩어진다. 시간을 두고 무지개 일곱 빛깔이 순서 없이 솟아오르다 사라지는가 하면 다시 다른 색깔의 빛이 불규칙적으로 춤춘다. 오로라 현상이 지표까지 내려와 나와 한 공간이 될 줄 알았는데 하늘에서만 그려지는 빛의 추상화다. 촬영을 작정하고 최신형으로 바꾼 내 스마트폰에는 오로라가 아예 잡히지도 않는다.

　잘 찍었다고 자랑하는 친구의 카메라에 담긴 오로라는 연하고 짙은 초록색으로만 촬영되었다. 사진 속에서 내 어깨너머로 북두칠성이 빛나고 오로라 회오리 한가운데 서 있다. 직접 경험한 것과 사진이나 매체로 본 것이 너무 다르다.

　오로라는 하늘을 무대 삼아 시시로 오묘한 변화를 연출한다. 그린, 핑크, 바이올렛 빛줄기가 하늘 중앙을 향해 피어오른다. 금방 옆 빛줄기에 겹치고 다른 방향에서 또 다른 모양으로 번져간다. 북두칠성 주변에서 하늘 중앙을 가로지르는 띠를 만들어 호수에 파문이 일듯 양쪽으로 퍼져 나가는 오로라 빛 띠는 표현할 말을 찾을 수 없을 만큼 황홀하고 신비롭다. 하늘이 맑고 어둠이 짙은 새벽이어서 선명한 빛깔과 파장이 환상적이다. 수십 번 오로라 헌팅 여행을 인솔해 온 정 대표도 이렇게 아름답고 온 하늘을 수놓은 오로라는 처음이라며 감동한다.

한 시간 반 동안 계속된 세 번째 오로라는 자연의 극치이자 신의 영혼이라는 말을 실감한다. 추위가 밀려오면 순서대로 화장실 안에 들어가 몸을 녹이고 나왔다. 하늘에서 오로라 향연이 사라질 때까지 우리는 그 자리를 지켰다.

태양은 흑점이 폭발하면서 여러 가지 입자와 전자기파를 생성한다. 흑점의 폭발로 발생한 입자와 전자기파 일부는 지구까지 도달하는데, 생명체에 치명적인 성분이다. 이 입자가 대기 중의 공기와 마찰을 일으키며 파장을 따라 만들어내는 빛이 오로라다. 지구 생명체에 치명적인 입자가 남극과 북극 성층권에서 공기와 마찰하여 오로라 빛으로 발산되면서 지구 진입이 차단된다. 오로라 현상 때문에 지구 생명체는 생존과 진화를 이어갈 수 있다. 그래서 오로라를 자연의 섭리이자 신이 인간에게 주는 큰 선물이라 말한다. 환상적이고 찰나적인 빛의 신비로운 현상에 인간은 경외심과 감탄 밖에 표현할 길이 없다.

오로라(노르웨이 로포텐 로부어 마을 인근)

Å 로부어 마을 어부의 집에서 이틀

 Å 로부어 마을 어부의 집에서 이틀을 지낸다. 노르웨이어 알파벳 중 마지막 글자 Å를 따 땅끝마을이라는 의미의 지명이 되었다. Å 마을은 세상에서 가장 아름다운 어촌 마을로 유명하다. 로포텐 시작점에서 차를 타고 이동하는 데 꼬박 하루 걸린다. 헤닝스베르 지역의 문이 열려 있는 유일한 카페에서 핫초코 한 잔씩 즐기며 추위를 가신다. 한겨울 쪽빛 바다와 설국을 바라보며 듣는 경음악이 압권이다. 계속 달리다 일몰을 지켜보는 차 속에서 퓨전 초밥 점심을 먹었다. 한메이 섬과 레이네 섬을 지날 때 호수에 비친 마을의 불빛은 우리를 동화 속 주인공으로 만든다.

 멀리 수평선 너머 검은 구름을 뚫고 태양이 움트며 검붉은 기지개 켠다. 바다 파도가 너울치고 바람이 몰고 온 눈 언덕 아래 나목의 춤사위가 선명하다. 이트산드 마을 해안가를 지나 들어올 때

달력 속에 빛났던 레이네 마을 야경(노르웨이 북부 로포텐)

동화의 나라 레이네 마을의 흑야를 본다. 오늘 일몰은 12시 30분이다. 주변을 분간할 수 있는 일출을 느낀 지 한 시간만의 일몰이다. 자동차 계기판에 'Sund i lofoten -4℃'로 뜬다. 여기서부터 땅끝 해안선을 따라 설경 속을 달린다. 세상이 흑과 백으로만 대비된다. 나무도 흑黑으로 동화되고 움직이는 것은 파도이고 들리는 것은 파도 소리뿐이다.

Å 마을에 도착하니, 로포텐의 전통 가옥인 빨간 로부어가 가장 먼저 보였다. 거실과 욕실, 세 칸의 방이 있는 아늑한 펜션이다. 바다 위에 목조로 세워진 선상 집 로부어는 입구만 땅과 연결되어 드나든다. 방마다 어른 한 사람이 반듯하게 누울 만한 크기의 침대가 두 개씩 있고 침대와 침대 사이는 겨우 사람 하나 지나다닐 수 있는 실용적인 방이다. 고기를 잡으러 모여들었던 어부들이 한 숙소에 여럿 모여 작업과 숙식을 공동으로 생활한 모습이 눈에 선하다.

투숙객이 없어서 조식 호텔이 문을 열지 않았다. 재락 언니가 중심인 우리 방에서 김, 라면, 초콜릿, 컵라면, 매실장아찌로 아침을 먹었다. 컵라면을 끓이면 훨씬 맛있다는 것을 처음 듣고 배운다. 명순 셰프님 식단으로 든든한 아침이다.

일상에서 벗어나 새로운 세상을 만나려면 예상하지 못한 일도 만난다. 노르웨이 로포텐 겨울 여행도 내게는 생각지 못한 일들의 연속이다. 출발 비행기에서부터 감기로 여행 내내 약을 먹는다. 아프다는 이유로 여행의 순간을 놓치고 싶지 않아 안간힘을 썼는데도 의지와 상관없이 컨디션 회복이 더디다. 일주일째에야 제대로 눈이 뜨인다.

동화 같은 야경에 취했던 어제의 레이네로 간다. 오늘은 짧은 낮을 쪼개서 이 동네 저 동네 살펴본다. 눈 지붕 아래 옹기종기 밝힌 전등 빛이 희망과 소망과 사랑을 발산한다. 아담한 동네 뒤로 깎아지른 바위가 눈가루 분 바르고 고전적 위용을 더한다. 호수 같은 바다의 찰랑이는 전망을 감상하러 다리 위에 선다. 바람이 세차게 불어 몸에 부딪힌다. 영하 사 도라는 날씨 안내가 무색하게 체감온도는 영하 이십 도를 넘길 것 같다. 우리 팀 외엔 아무도 없다. 찹찹하고 한적한 골목을 혼자 걸으며 내면의 생각 타래를 붙잡고 하나둘 풀어가는 시간도 레이네 여행의 묘미다.

눈이 세상을 물들인다. 스스로는 찬 기운 결정체이지만 만물을 포근하게 감싸며 온기를 모은다. 순백! 아무리 보아도 여러 번 밟아도 좋기만 하다. 부산 사람인 우리가 설국에 마음 다 홀린다. 눈길에서 눈바람을 맞으며 보온병 따끈한 물로 커피 우려 마시고 엉터리 라인댄스로 한바탕 춤 잔치를 벌이고서야 아쉬움을 털고 차에 오른다.

북극 해양에서 잡혀 온 대구 머리로 장식된 식당에 앉아서 어린 돼지 갈비구이를 먹었다. 맥주에 사이다를 섞어 자전거를 타도 흔들리지 않는다는 독일식 칵테일 라들러도 한 잔 마셨다. 몸도 마음도 풍요롭다. 건물 안으로 들어갈 때마다 아이젠을 벗어야 하는 번거로움이 이제는 당연한 것으로 여겨질 만큼 익숙하다.

세찬 바람이 불어오는 바닷가 대구 덕장을 둘러본다. 바람이 삼각 지붕 줄줄이 매달아 말려놓은 대구 머리 수백 개를 초현대적 입체 조각 작품처럼 연출한다. 갯내 물씬 풍기는 바람결에 눈가루 날아와 앉는 내 얼굴도 예술이다. 오늘 밤도 어제 묵었던 로부어 선상 펜션이다. 저녁은 호텔 식당을 찾아들어 관자 요리, 생선 수프와 스테이크, 대구 혀 튀김을 먹었다.

로부어 선상 펜션에서 둘째 날 아침을 맞는다. 여행 가방에 남아 있는 먹거리를 깡그리 찾아들고 우리 방에 모인다. 사과, 생식, 커피, 누룽지, 바나나, 율무차, 컵라면, 블루베리, 요구르트, 방울토마토, 손가락 당근으로 조식 뷔페다. 훌륭하다.

로부어 마을과 레이네 마을을 오가며 북극권 겨울 정경을 감상한다. 눈 내리는 레이네 마을 속에 움직이는 색깔로 풍경이 된 우리! 어제 오로라를 본 곳에 내려 잠시 숨 쉰다. 수은주는 영하 이십오 도를 가리킨다. 눈꽃나무가 흑야의 북극 대낮 길라잡이다.

점심을 먹기 위해 호텔 식당에 앉는다. 대형 벽난로에서 장작이 탄다. 불내 나는 조명 아래 온기 가득하다. 현지인들을 처음 본다. 그들이 담소하며 식사 중이다. 낯선 말소리에 저절로 얼굴이 돌아간다. 여기도 주민들이 희로애락 정감을 나누며 살아가는 땅이구나.

창 너머로 굵은 눈발 날리고 산등성이 실루엣은 하얀 눈 더 높이 올라간다. 짙은 땅거미 내린다. 티엘드순두르부르에서 연어구이와 푸딩 후식 저녁을 먹었다.

트롬쇠 주민과 '모닝 오로라'

트롬쇠의 오후다. 북극의 파리로 소문난 트롬쇠 밤거리를 거닌다. 진열장에 걸려 있는 양말 한 켤레가 환산해보니 육만 오천 원이다. 중심 도로는 외국 관광객들로 북적인다. 선물용 상점에서 책갈피를 사고 은제 포크를 살지 고민도 한다. 크리스마스트리 불빛 아래 방갈로형 햄버거 가게 앞은 장사진이다. 맛집으로 소문난 듯하다. 계속 눈이 내린다. 하늘이 뿌옇게 설산 능선을 가리고 트롬쇠 도시 스카이라인도 묻혀간다.

여행 마지막 날 아침이다. 아이젠을 신고 호텔을 나와 트롬쇠 시내를 걷는다. 중심 도로는 바다를 끼고 있다. 산복 도로, 중복 도로가 중심 도로와 연결되어 바둑판처럼 정비된 주택가다. 공원, 교회, 놀이터, 연수원도 보인다. 이들 건물은 주민이 모여들기 쉬운 교차로에 자리 잡았다. 지난밤부터 내린 눈이 쌓여 스머프 동화 속 나라다. 우리는 바다 쪽 항구를 향해 걷다가 방향을 바꾸어 언덕배기 주택가로 향했다. 집도 거리도 나무도 온통 새하얀 거리를 걷는다. 포근하고 상쾌하다. 교회 마당의 크리스마스트리 불빛은 흑야 대낮의 이정표다.

두 블록을 걸어 중복 도로까지 왔을 때 제설 작업 자동차와 만났다. 차의 크기와 모양이 독특했다. 통로 같은 굵은 관으로 바람을 불어 바닥의 눈을 쌀가루처럼 날렸다. 날아간 눈가루가 눈 언덕을 만드는 풍경이 재미있고 이국적이었다. 내가 폰으로 현장을 찍었다. 젊은 운전자가 활짝 웃으며 정면으로 자세를 취하고 느리게 운전했다. 서로 손을 흔들어 고마운 마음을 전했다.

동네 가운데 지점에서 주민 린드쉰을 만났다. 개와 산책 중이었다. 인사를 건네며 금방 친해졌다. 인도네시아에서 건너와 이십 년째 살고 있단다. 여기서 결혼했고 자녀도 있다며 가족사진을 보여줬다. 맑은 공기와 깨끗한 자연환경이 좋아 눌러앉았단다. 한참을 얘기하다 헤어졌다. 멀어질 때까지 손을 흔들었다.

다음 블록에서 집 앞 눈을 치우는 주민을 또 만난다. 삽을 들고 집 옆 현관에 쌓인 눈을 걷어낸다. 줄에 묶인 갈색 건공도 우리를 반긴다. 말을 걸자 반갑다고 격하게 꼬리 치며 안달하면서 다가오지는 않는다. 주인이 손짓으로 허락하자 그때야 득달같이 달려 나와 품에 안긴다. 얼마 전 키우던 멍멍이를 보냈다는 수희가 귀와 머리를 쓰다듬자, 마음이 통했는지 뛰어오르고 비빈다. 주인이 허락할 때까지 만남을 미루며 기다린 개가 신통하다. 잘 훈련된 개를 보면 사적私的이라는 개념을 조정한다.

　브라우니 건공과 놀 때 항구 쪽 하늘에 무지개가 떴다. 노란색 선명한 일곱 띠 무지개가 구름을 비집고 유난스럽다. 우리가 명명한 '모닝 오로라'다. 붉은색으로 흩어지다 어느새 쌍무지개가 된다. 구름이 하늘을 꽉 채웠는데 무지개는 나름의 영역을 차지하고 오랫동안 아름다운 위용을 뽐낸다. 카메라를 부지런히 눌렀지만, 하늘 그대로 잡히지 않아 또 아쉽다.

노르웨이 설경(트롬쇠 마을)

독특하고 이국적인 지하 동굴 주차장

트롬쇠 지하 동굴 주차장이 인상적이다. 관광객과 시민의 차량이 다 모인 듯 빽빽하다. 출구도 셀 수 없이 많다. 도심의 옛날 건물을 재건축하여 집집이 주차장을 마련하지 않고 산을 뚫어 지하 주차장을 건설했다. 도시 용적 효율화와 관광객 유치를 꾀하는 공익 사업으로 개발한 국가 계획경제가 놀라웠다. 지하 동굴 주차장을 미로 운전하며 돌고 있는 풍경이 또 하나의 독특한 관광 포인트다. 이렇게 넓은 공간이면 보洑 같은 중간 구조물이 있을 법한데 아무리 둘러보아도 자동차와 진한 돌 냄새 풍기며 동굴처럼 타고 내리는 물기만 보인다.

동굴 주차장에 차를 세우고 언덕 쪽으로 걸어 나왔다. 트롬쇠 시내 야경이 한눈에 보이는 호텔 식당에 앉았다. 연어 전채 요리, 순록 스테이크와 치즈 크림 케이크 코스 요리를 세 시간 담소하며 여행 마지막 밤을 보낸다. 와인 한잔은 만찬을 행복하게 북돋운다. 여기서만 맛볼 수 있는 상큼하고 담백한 화이트와인 한잔으로 행복한 얼굴이다. 모두 엄지척 올리며 샹들리에 불빛 아래서 미소로 물들었다.

열흘간의 북극권 여행은 태양 빛을 걷어낸 흑과 백의 극치를 이룬 장관이었다. 작가 한강은 흰색을 시작과 끝, 출생과 죽음으로 연결하여 영원으로 확장하는 의미를 부여했다. 어둠을 뚫고 춤추는 오로라의 찬란하고 신비한 황홀감도 시작과 끝을 무한으로 연결하는 신의 선물이다. 어둠이 있어야 밝음이 빛난다. 모든 생명체의 삶은 시간과 공간의 조화 속에서 더 아름답고 알차게 여문다.

평설 - 수필, 담론적 실천을 통해
또 다른 세계를 만나다

박희선(수필가, 문학평론가)

최묘흔 수필가에 대하여

최묘흔 수필가는 2022년 월간 『문학도시』로 등단해 꾸준하게 수필을 써온 작가다. 그는 일상적인 삶을 문학으로 담아내는 저력과 알고 있는 사물을 통해 새롭게 이해하는 능력이 탁월하다. 간결한 문체에, 주제를 살리기 위해 선택한 적확한 단어와 그만의 언어 조탁으로 수필의 영역을 넓혀간다.

작가의 이력 중에 눈에 띄는 내용이 있다. '20여 년 동안 책을 읽고, 읽은 책에 대한 독서토론을 통해 「Kant 실천이성 비판의 연구」 외 4편의 독서 논문을 학회지에 발표했다. 지금은 부산교육대학교 파이데이아연구소에서 공동탐구 지도자로 활동한다. 2018년부터는 교육부 청소년모바일상담센터의 전문 상담사로서 자원봉사 활동도 하고 있다.'이다. 초등학교 교장으로 퇴임한 후 쉴 만도 한데 끊임없이 공부하고 봉사하는 정신으로 생의 기쁨을 누리는 작가다.

수필은 나를 보이는 세계다. 시집이나 소설집 몇 권을 읽어도 그 작가의 삶을 잘 모르지만 수필집은 단 한 권만 읽어도 흔적이 '드러나는 것'의 블랙홀을 벗어날 수 없다. 그게 진솔한 수필의 특성이자 매력이다.

　최묘혼 작가는 첫 수필집 『괜찮다 괜찮아』에 32편의 수필을 1부, 2부, 3부로 나누어 실었다. 그의 수필은 담론적 실천을 통해 또 다른 세계를 그린다. 현실과의 당당한 맞섬과 감사, 진정한 삶의 이유와 논리에 대한 깨달음을 엿볼 수 있다.

　4부와 5부엔 남미 여행 35일의 기록과 북극권 여정을 함께 묶었다. 여정을 다룬 수필은 현장의 사실감과 작가의 감성이 어우러져 펼쳐지다 다시 삶으로 돌아온다. 내가 기억한 하루하루의 삶이 모여 내 인생의 전부가 되는 것을 읽고 싶은 글로 단정하게 풀어낸다. '글이 곧 사람이다.'를 증명하듯 글과 사람 모두 '단아함'을 내포하고 있다.

수필 1부 『괜찮다 괜찮아』의 숭고한 영역
- 「괜찮다 괜찮아」, 「사탕 한 봉지」, 「고기를 먹어야지」

　평설을 쓰기 위해 작품을 읽다 보면 작가의 심연에 흐르는 의식이나 더 넓은 세계를 넘볼 수 있다. 눈으로 수필을 읽다가 온몸으로 읽으며 작품 속으로 빠져들기도 한다. 세상 잣대로 이 글을 접하면 어떤 생각이 들까로 시작하여 문제의식이란 단어도 떠올리며 균형 잡기에 몰두한다.

　수필집 제목으로 쓴 수필 「괜찮다 괜찮아」는 명상하는 시간에 어머님을 떠올리며 쓴 글이다. 작가에게 '괜찮다'의 영역은 한없이 넓다. 아이가 아파도, 여간한 잘못이나 부족함이 있어도, 어머님이 하셨던 말씀 '괜찮다 괜찮아'가 불안한 마음을 너끈히 품는다. 그는 '어머님의 괜찮아! 한마디가 내 불안을 잠재우는 처방의 둘도 없는 특효약이었다고 언술한다. 제 무게를 감당하기 힘들면 기댈 수 있는 곳, 이때의 어머님은 높은 존재로서의 어머님으로 표출된다.

> 어머님은 가족에게 한 번도 목소리를 높인 적이 없었다. 나는 두 아이를 키우면서 열이 오르고 토할 때나, 아무리 달래도 계속 울 때면 놀라고 급한 마음이 되어 친정엄마를 젖혀두고 어머님께 전화를 걸어 도움을 청했다. 그럴 때면 어김없는 어머님의 첫 말씀은 '괜찮아'였다. 그러면 나도 어머님처럼 아이를 안고 '괜찮다 괜찮아!' 속이며 머리부터 발끝까지 쓰다듬고 달랬다. 엄마인 나의 걱정과 불안이 다스려지면 아이도 금세 잠이 들었다. 어머님의 '괜찮아!' 한마디가 내 불안을 잠재우는 처방의 둘도 없는 특효약이었다.
> - 「괜찮다 괜찮아」 중에서

> 싱잉볼 소리가 울린다. 괜찮다 괜찮아! 다독여주시던 어머님 말씀을 접는다. 좋은 엄마는 자식 앞에선 다 괜찮다고 한다. 오늘 그 길을 따라 한 발짝 더 옮긴다.
>
> 법당을 나서는데 잔잔한 바람이 맑다. 달빛이 운전대를 잡은 내 손에 내려앉는다.
> - 「괜찮다 괜찮아」 중에서

수필 「괜찮다 괜찮아」는 우리 모두를 위로한다. 어린아이에겐 넘어져도 다시 일어날 수 있으니 괜찮고, 학생에겐 시험에 실패해도 괜찮고, 청년에겐 아직 직장을 구하지 못해도 괜찮다고. 아이는 곧 일어설 테고, 잘못 치른 시험 성적 만회할 다음 시간이 남아 있고, 직장도 곧 생길 거라는 희망이 있기 때문이다. 어머님의 '괜찮다'라는 말엔 힘든 현실을 견디게 하는 무한한 생명력이 있다.

「괜찮다 괜찮아」가 시어머님의 서사라면 「사탕 한 봉지」는 친정 아버지의 외손자 사랑을 담은 글이다. '나는 워킹 맘이었다.'로 글문을 연 원고지 일곱 장의 짧은 내용이지만 독자에게 전달하는 감동은 오래 남는다.

작가의 아이를 맡아주던 고모가 오랫동안 집을 비울 일이 생긴다. '워킹 맘'에겐 이보다 더 난감한 일이 없다. 직장을 다니면서 아이를 키우는 일이 얼마나 버거운가는 키워보지 않으면 이해하지 못한다. 그는 긴급 처방으로 친정 부모에게 손을 내민다. '두 아이는 친정엄마 품에 안겨 울면서 시골로 갔다.' 엄마가 데리고 갔지만 외손자 돌보는 일은 아버지의 몫이다. 아버지는 건강에 문제가 생겨 공직에서 물러나 몸을 다스리고 있는 중이다. 마음은 송구했지만 달리 방안이 없어 주말에만 아이들을 보러 간다. 워킹 맘의 아린 기억을 애정으로 감싼다.

> 현관문을 밀고 들어섰다. 앗! 지금 무슨 풍경인가 싶었다. 지그시 눈을 감은 아버지 양팔을 두 아이가 당기고 있다. 장롱문 위를 가리키며 무엇을 달라고 떼를 쓰고 있었다. "아이구, 하느님! 우리 아기들이 사탕을 더 달라고 하는데 주어도 되겠습니까! 예예, 안 된다고요. 오늘 벌써 세 알이나 먹었으니 더 먹으면 입안에 벌레가 생긴다 했습니까! 예, 예. 알겠습니다. 말도 잘 듣고 잘 놀았는데 딱 한 알만 더 주면 안 되겠습니까. 아, 예, 그러면 이 할애비가 대신 벌을 받아야 된다고예, 잘 알겠습니다." 나는 발소리를 죽였고 가슴 찡하여 눈물이 흘러내렸다.
>
> -「사탕 한 봉지」 중에서

구 남매를 회초리 없이 키우셨던 친정 부모님 제상에는 빠짐없이 사탕 한 봉지가 오른다. 그 사탕 한 봉지를 내가 챙겼다. 친정아버지의 사탕 한 봉지는 자식을 넘어 손자에 이르기까지 삼대를 아우르는 사랑과 꿈, 행복이 담긴 꾸러미였다.

- 「사탕 한 봉지」 중에서

작가는 사전투표를 하기 위해 잠시 집에 온 둘째 아들에게 외할머니 기일에 제상에 오른 사탕 한 봉지를 전한다. '예, 예. 한 알 더 주면 이 할애비가 대신 벌을 받아야 된다고예. 아, 우리 외할아버지! 그립다.' 아들 입에서 흘러나온 말이다. 사탕 한 봉지가 삼대의 간극을 좁히고 이어주며 그리움에 물들게 한다. 그의 뛰어난 오감으로 친정아버지의 손자 사랑을 그린 수작이다.

수필 「고기를 먹어야지」는 강의 시간을 맞추기 위해 횡단보도를 급히 걷다가 넘어진 사건을 중심으로 쓴 글이다. '자빠지다'는 누구나 한 번쯤 겪을 수 있는 일인데 처방이 엉뚱하다. 바쁘게 가다가 넘어졌는데 왜 고기를 먹어야 할까.

손바닥에 아스팔트 도로 바닥 자국이 찍혔다. 무릎과 어깨가 시큰거리고 손바닥도 부어올라 아렸다. 서류를 쑤셔 넣은 가방을 들고 다음 건널목에 섰다. 지금이 수업 시작 시각이다. 일방 차도인 길 위는 훤하게 비었다. 잽싸게 또 뛰어 무사히 건넜다. 아무 일 없는 듯 자세를 가다듬고 손가락으로 헝클어진 머리카락을 빗어 내렸다.

- 「고기를 먹어야지」 중에서

작가의 직업은 초등학교 교사다. 그를 만나면 '반듯함'이 먼저 떠오른다. 그럼에도 '신호등 초록불이 깜빡거리고 마음이 급해진다. 지금 건너야 지각하지 않는다. 나는 뛰어야 한다.'에서는 반가움이 인다. 완벽함도 좋지만 약간의 빈틈이 있어야 사람 냄새가 난다. 뛰고 또 뛰어 겨우 안도하는데 경찰이 등장한다. 지각하지 않으려고 바둥댔는데 훈계가 요란하다. 빨간 불에 왜 건너느냐, 신호도 보지 않고 건너면 위험하다를 줄줄이 꺼낸다. 빨리 끝내려고 잘못했다, 죄송하다를 몇 번 해도 끝이 없다. 지각하면 안 되는데, 잘못한 것은 맞지만 짜증도 난다. '나도 그 정도는 아는데 빨리 보내주면 안 될까요. 출근하는 사람 심정을 못 알아주는 것은 당신 잘못입니다.' 차마 쏟아내지 못하고 속으로만 중얼댄다.

> 집에 와서 연고를 바른다. 며칠 전에 읽었던 수필 「약손」이 떠오른다. 눈에 티가 들어간 손녀를 품에 안고 노래하듯 속삭인다. '까치야, 까치야, 니 새끼 물에 빠지면 내가 건져줄 터이니 우리 아기 눈에 든 티 좀 꺼내어다오.'
>
> - 「고기를 먹어야지」 중에서

우하 박문하 선생의 수필 「약손」을 떠올리며 상처를 다독인다. 의사인 그는 손녀의 아픈 눈을 어루만지는 어머니의 손을 '슈바이처보다 너 뜨겁고 모나리자의 손보다 더 아름답다.'에서 뭉클한다. 작가에겐 이미 할머니도 어머니도 계시지 않아 약손은 구할 길이 없다.

> 채소 가꾸러 밭에 갔던 남편이 돌아왔다. 아무한테도 말하지 못했던 창피하고 부끄럽던 사건을 숨 돌릴 틈도 없이 쏟아냈다. 안쓰러운 듯 공감의 눈빛

으로 듣길래 경찰이 나쁜 사람이라도 된 듯 불평불만 섞어 다 털어놓고 나니 속이 후련했다. 위로받을 줄 알고 편안하게 내 합리화 극치를 이룬 건널목 사건에 남편의 반응은 뜻밖이었다.

"고기를 먹어야지. 매일 고기를 먹지 않아서 다리에 힘이 약해져서 넘어진 거요. 내가 내일 고기 사 오리다."

- 「고기를 먹어야지」 중에서

    상처받은 우리에게 상처를 낫게 해줄 약손은 곳곳에 숨어 있다. 할머니와 어머니의 약손 대신 남편이 사 오겠다는 고기가 제 역할을 한다. 과거의 따뜻한 기억과 현재의 미각이 치유 에너지로 작용한다. 아직 사 오지도 않았고 먹지도 않았다. 고기를 먹지 않아 다리에 힘이 약해 넘어졌는지도 모를 일이었다. '내일 고기 사 오겠다.' 하는 남편의 언어 처방과 작가가 느끼는 최선의 '만족감'에 상처는 이미 아물었다.

수필 2부 『다 잊었다』, 잊었다 해도 남아 있는 흔적
-「다 잊었다」, 「물 탄 소주」

    우리의 평범한 하루하루가 모여 총체적 인생이 된다. 수필 속 최묘혼 작가의 삶은 순탄해 보인다. 안정된 교직에서 퇴직했고 '죽고 싶을 만큼'의 어려운 현실도 수필에 드러나지 않는다. 그러나 나만 행복하다고 다 행복할 수는 없다. 사탕 한 봉지에서 구 남매라고 언급했듯이 오빠 형제와 자매의 관계망을 벗어날 수 없다. 그 공감대 속에서 형성하는 남매들의 우애는 눈물겹도록 감동적이다.

「다 잊었다」는 언니의 삶을 지켜보며 술회한 내용이다. 한 아이의 생명이 닫힌 공간에서 열린 공간으로, '어둠'에서 '밝음'으로 향한다는 재해석이 가능한 수필이다. 조카를 사랑하는 마음이, 반듯하게 세워보겠다는 열망이 없었다면 세상 밖으로 보낼 서사가 아니다. 현이는 '언니의 딸이자 나의 사랑스러운 조카다.' 남자 조카만 여럿 있어서 현이의 출생은 자매에겐 큰 기쁨이다. 큰 기쁨이 된 것은 어떤 상황에서도 현이를 반듯하게 세우려는 소망의 좌표가 이미 생성되어 있었기 때문이다.

> 아기가 태어나 이틀째였다. 의사 선생이 아기에게 이상이 있는 것 같다며 고개를 갸웃거렸다. 우리는 이렇게 예쁜 아기에게 무슨 말을 하는 거냐며 의사의 말을 믿지 않았다. 그렇다고 그 말을 무시할 수도 없었다. 고민하다가 아홉 남매를 잘 길러내신 엄마께 연락했다. 엄마는 소식을 듣고 한달음에 달려오셨다. 갓난아기의 몸 여기저기를 찬찬히 살펴보시던 엄마의 표정이 점점 어두워지더니, 아기의 척추가 이상한 것 같다고 뒷말을 삼켰다. 며칠 후 의사 선생은 아기에게 선천성 척추측만증이라는 진단을 내렸다.
>
> ―「다 잊었다」 중에서

아기의 병명 선천성 척추측만증에 '안사돈끼리 아기를 떠나보내자고 의논하기에 이르렀다.' '떠나보내자'는 말의 의미엔 힌 아이의 성장 과정에서 겪어야 할 암울한 서사가 눈에 보인다. 그 고통을 이 아이가 어떻게 견딜 수 있을까. 그럴 바엔 떠나보내는 것이 낫다는 생각에 이른다. 양가 어른은 큰언니에게 이 엄청난 일을 맡기지만 실패로 끝난다. 한 아이의 생사 운명이 걸린 문제다. '작은언니는 그날부터 시댁과 친정 식구를 경계하며 여린 몸으로 딸을 지키려는 전사의 삶을 살게 되었다.'

척추측만증은 척추의 마디가 굽어 장기를 누르게 되어 호흡이 힘들며 운동도 할 수 없는 병이다. 걸어 다닐 때도 팔과 다리에 저림 증세가 있을 수 있다. 현이는 작은언니의 눈물과 사랑을 먹으며 크고 있었다.

- 「다 잊었다」 중에서

몸이 한쪽으로 기울었지만 현이의 목소리는 우렁찼다. 또렷한 이목구비는 어디에서도 빛이 났으며 공부를 잘해 반장을 도맡아 했다. 그런 현이 옆에는 친구들이 늘 함께여서 언니를 기쁘게 해주었다.

- 「다 잊었다」 중에서

중고등학교를 졸업한 현이는 서울에 있는 약학대학에 진학한다. 다른 학생들처럼 혼자 자취를 하고 반액 장학금을 받으며 대학 생활을 즐긴다. '이모, 나도 전액 장학금을 받고 싶어. 더 열심히 공부할 거야.' 그랬던 현이가 갑자기 죽음을 맞는다.

현이가 다니던 대학교에서 연락이 왔다. '장애가 있음에도 불구하고 약학 식물채집 탐험대 활동에 앞장섰던 현이를 위해 선후배와 교수진이 수목장하면 어떻겠느냐'라고.

장례식 날 현이의 유해가 교정을 한 바퀴 돌고 캠퍼스 동산에서 발인제를 지냈다. 친구와 선배가 조문을 읽고 학과 교수님이 장례 목회를 인도해주셨다.

평설 - 수필, 담론적 실천을 통해 또 다른 세계를 만나다

가족, 선후배, 교수진 일백여 명이 국화꽃 한 송이로 마지막 이별을 고했다. 현이의 발인과 수목장을 치르면서 우리는 치유의 순간과 마주하게 되었다. 현이는 단 한 번도 장애를 갖고 태어난 자기 몸에 대해 속상해하거나 자신을 남과 비교하지 않았다. 날마다 스스로 할 수 있는 일에 최선을 다하며 주변 사람과 사랑을 나누고 희망을 전했다.

- 「다 잊었다」 중에서

우리는 많은 일을 겪고 보내고 또 겪는다. 단 하루에도 주름살을 폈다가 접기를 수없이 한다. 처음엔 죽을 것 같은 일도 그 감정이 가라앉으면 숨을 쉴 수 있다. 삶이란 그 치열한 현장에서 현이가 남긴 말은 남과 비교하지 않고 나답게 사는 것, 사랑을 나누고 희망을 전하는 것이다. 수필 「다 잊었다」가 독자에게 전하는 강한 메시지다.

살아가는 길은 굽이치는 파도보다 더 험난하다. 잘나가던 사업이 바닥을 쳐 실의에 빠질 수도 있고 갑작스러운 사고로 죽음에 이르기도 한다. 견고하게 쌓아 올린 성도 영원하지 않다.

「물 탄 소주」는 큰오빠가 겪고 있는 신체의 아픔을 그린 수필이다. 남매간의 우애를 두고 돈독하다, 정겹다, 대단하다는 말로 표현하기엔 부족하다. 잔잔하게 펼치는 서사는 감동을 넘어 '거룩함'에 이른다.

수필 제목이 '물 탄 소주'는 사경에서 겨우 벗어난 오빠만 마실 수 있는 술이다. 추석날 오후, 형제자매는 큰오빠 집에 모인다. 저녁 식탁에 둘러앉아 몇 차례의 수술을 받고 회복 단계에 있는 큰오빠를 중심으로 그동안의 안부를 묻고 상처 난 곳을 다독인다. 이럴 땐 술이 필요하다.

언니가 알아차리기 전에 소주병을 얼른 따더니 물잔에 조금 부은 뒤 정수기에서 냉수를 받아 잔을 채우는 모습이다. 오빠는 건강을 위해 담배와 술도 끊었고, 운전도 끊고 오랫동안 해오던 여러 가지 생활을 절제하고 집에서만 지낸다. 오빠가 물에 소주 한 모금 탄 것을 아는 척해야 하나 말려야 하나, 눈시울이 젖어온다.

차라리 소주 살 돈이 없어서 아껴 먹는 것이라면 나았을까. 식탁으로 다시 돌아와 물 탄 소주를 마시면서 맛있다며 아주 행복해하는 오빠의 모습이라니.

- 「물 탄 소주」 중에서

식사를 마치고 오빠가 근황 이야기를 시작했다. 물 탄 소주 한 모금의 힘이었을까. 손의 마비로 잡는 것마다 떨어뜨리고 말하는 것도 약간은 정상이 아닌 듯 보였던 증세가 말끔히 사라졌다. 푸념과 실망으로 가득했던 한탄 조의 말도 없었다. 언제 병원을 가야 하고, 예방접종을 하는 날인지, 제자들을 어떻게 지도해야 하고 그동안 어떻게 지도해왔는지…. 이런저런 이야기를 조리 있게 풀어놓았다. 처음에는 몰랐는데 오빠가 그동안 아주 좋아진 것 같다고 모두가 입을 모았다.

- 「물 탄 소주」 중에서

작가는 트로이 전쟁 이야기 중에 등장하는 희석용 동이를 떠올린다. 전사들의 목숨을 담보한 전쟁터에서 '포도주를 물에 타서 전사들이 나누어 마시고 부족함이 없었다고 노래한다.'라는 문장에서 의문을 품은 적이 있다. 이 의문이 물 탄 소주 한 모금에 풀린다.

꼭 술이어야 할 이유는 없다. 분위기가 좋으면 꽃에도, 달에도 취한다. 아파서 못 먹는다거나 먹을 수 없다는 말을 굳이 할 이유가 없다. 자상한 큰오빠의 배려로 물 탄 소주가 9남매의 만남을 이어갈 수 있는 명약으로 자리 잡는다. 그들의 우애는 따뜻한 눈길로 서로를 응원하고 있다. 많이 아픈 곳은 덜 아프게 토닥이며 섬세한 감정을 조곤조곤 풀어낸다. 물이 베푸는 변용의 미학이다.

수필 3부, 또 다른 꽃으로 피어날 『그날을 꿈꾼다』
- 「그날을 꿈꾼다」, 「장이 배 밖에 나온 남자」, 「또 다른 꽃으로」

우리는 순간과 영원을 오가며 생을 받아들인다. 작가는 수필 「그날을 꿈꾼다」에서 '사람이 책을 만들고 책이 사람을 만든다는 글귀는 내 삶의 이정표'라고 제시한다. 단호한 문장이 서늘하다. 말이 법일 것 같아 곁도 보이지 않는다. 긍정이든 부정이든 거절하지 못하고 어깨를 겯고 살아가는 사람이 많은데 그는 이렇게도 당당하다.

전체 내용의 흐름을 보면 실천적 담론에 엄격하고 충실하다. 단순한 언어나 문장의 집합이라기보다 다양한 사회적 요소와 관계망을 이루고 있다. '사십 년 직장 생활에 맞벌이 부부였는데도 나는 평범한 아파트 반 칸과 승용차 한 대가 값을 매길 수 있는 내 재산 전부다.' 이파트도 한 채가 아니고 반 채다. 작가의 부富는 세상인심과는 다르다. 가치의 판단 또한 개인마다 달라 무엇이 좋고 나쁘다고 말할 수는 없다. 작가는 물질을 좇기보다 '정리한 파일'이 늘어갈 때 충만감을 느낀다.

내가 돈을 싫어하는 것도 아니고 돈을 멀리한 것도 아닌데, 내가 그들보다 가진 것이 단출한 이유가 무엇일까. 재물을 싫어하거나 멀리하지는 않았지만, 한 번도 쫓아가보지도 못했다. 짬 내어 한결같이 해온 것은 책 읽기와 읽은 책 토론할 거리를 컴퓨터로 타자하여 정리하는 것이다. 이 일을 할 때 나는 제일 행복하고 시간 가는 줄 모른다. 한 권의 책 읽기와 토론이 끝나고 나면 요약과 토론한 내용을 정리한 파일이 하나둘 늘어갈 때 나는 점점 부자가 되어가는 충만감을 즐긴다.

- 「그날을 꿈꾼다」 중에서

자주 만나는 지인들의 화제는 잘 불린 재산에 관한 내용이 주를 이룬다. 그는 부의 축적은 그들만큼 이루지 못했지만 '한 권의 책 읽기와 토론이 끝나고 나면 요약과 토론한 내용을 정리한 파일이 하나둘 늘어갈 때 나는 점점 부자가 되어가는 충만감을 즐긴다.'로 충만함의 지수를 높인다.

덧붙여 우리 어머니가 이 책을 읽었구나. 이런 점에 관심을 두고 동료들과 토론하며 관점을 제시하셨네. 내가 어느 구절에서 감동하고 어느 문단에서 비판적인 생각을 피력했는가를 파악하면서 내 아들과 시공간을 뛰어넘는 사유의 대화를 나눌 수 있다면 이보다 더 값진 재산이 또 있을까.

- 「그날을 꿈꾼다」 중에서

'나는 이 재산 목록 일호를 점점 불려서 나만의 자산으로 두 아들에게 물려주려 한다.' '정리하는 목록과 파일이 유용하게 읽히고 활용되면서 내 아들과 그들의 아이들에게도 전해진다면 나는 그 속에서 늘 살아 있을 것이다.' 작가의 재산 목록 일호는 작가와 아들이 시공간을 넘어 사유의 대화까지 나눌 수 있는 가치를 지니고 있다. 수필 「그날을 꿈꾼다」가 안고 있는 섬세한 흔적들이 그를 조명한다.

수필 「장이 배 밖에 나온 남자」의 주인공은 작가의 큰오빠다. 장괴사 수술을 받아야 하는데 문제가 생긴다. 장이 제구실 못 하고 죽어간다면 생명에도 지장이 있다. 그에게 큰오빠는 부모님과 같은 존재며 비빌 수 있는 언덕이다.

오빠의 보살핌을 받았던 작가는 오빠를 위해 할 수 있는 일은 무엇이든 하겠다는 굳은 의지를 보인다. 큰오빠에게도 든든한 가족이 있는데 사랑이 없다면, 오빠를 위해 헌신하겠다는 마음이 없다면 굳이 애태울 일도 아니다. 「장이 배 밖에 나온 남자」에서는 큰오빠의 성공이 바로 작가의 모습으로 비친다. '오빠가 잘못되면 내가 잘못되는 것과 같은 믿음'이 작동한다. 수술받을 준비를 하고 있는 오빠를 의술이 더 나은 병원으로 급히 옮겨 수술을 받게 한다.

> 나는 제일 먼저 병원을 옮겨야 한다고 우겼다. 오빠와 똑같은 증상으로 그 병원에서 수술하여 엄마를 여읜 동료를 보며 애태웠던 기억이 선명했다. 수술복까지 입고 순서를 기다리고 있던 오빠를 빼앗다시피 다른 병원으로 옮겼다. 간단한 수술이라고 말하던 두 병원의 예측이 가족에게 행복 조건이 되지 못했다. 사선을 넘나드는 서너 차례의 절박한 순간을 이겨내고 오십오 일 만에 배 밖으로 나온 소장과 대장을 안으로 넣는 봉합 수술을 받았다.
>
> ―「장이 배 밖에 나온 남자」 중에서

주치의가 우리를 향해 오고 있지 않은가. 요번 수술에서 다시 소장과 대장을 이십 센티미터 이상 잘라내면 위험한 상태라 신경이 쓰였습니다. 다행히 오 센티미터 절단했습니다. 오십 일간이나 장이 배 밖에 있으면서 음식물 섭취가 되지 않아서 여러 곳에 장 유착이 있었습니다. 구겨진 소장과 대장을 펴면서 수술을 진행하느라 예상보다 시간이 오래 걸렸습니다. 수술은 잘되었습니다. 간, 위, 폐, 신장, 췌장 등 다른 주요 장기에 결정적인 문제가 없어서 며칠간 잘 회복된다면 생명에는 큰 지장이 없을 거라는 결과를 알게 되었다. 그 어느 절대자의 계시보다 더 간절한 말에 다시 한번 울음바다가 되었다. 선생님의 수고하신 은혜는 절대 잊지 않겠다며 가족 대표인 작은오빠가 인사말을 했다. 눈이 충혈된 주치의 선생님은 환하게 웃으며 손사래를 쳤다.

- 「장이 배 밖에 나온 남자」 중에서

수필 「장이 배 밖에 나온 남자」는 긴밀 구성을 갖추고 있다. 현재와 과거를 촘촘히 밀고 당기며 긴장을 늦추지 않는다. 55일 동안 장을 배 밖에 두어도 살 수 있을까에 대한 의문은 수필의 행간마다 따라나선다. 이번 고빗사위만 잘 넘기면 안정권에 들 수도 있는데 마냥 위태롭다. '우리는 한 가족의 생이 끝나간다는 아픔에 고개 떨구고 어깨를 들썩이며 서로 얼굴을 감췄다.' 이런 상황에서 '장이 배 밖에 나와 있던 큰오빠'는 구 남매의 정성과 가족들의 보살핌으로 사지에서 벗어난다.

수필 「또 다른 꽃으로」는 직장에서 만난 후배와 상호작용하며 독자들에게 새로운 해석의 길을 열어주는 작품이다. 내가 확신하고 가는 길이 반드시 옳고 그른가는 개개인만의 판단과 시간이 말해줄 뿐이다.

부모와 자식 간의 연결망은 복잡하다. 독자들에게 '당신 생각은 어떤가요?', '깊게 들여다봐주세요.'를 제공한다.

후배가 보낸 문자를 늦게 읽은 작가는 미안함을 '한겨울에 찬물 들이킨 가슴이다.'로 표현한다. 일부러 늦춘 것은 아니지만 한겨울에 '찬물 들이킨다.'가 쉽게 답할 문제가 아님을 복선으로 제시한다.

수필 속 '그'는 직장의 후배다. 3년 동안 같은 근무지에서 '굵직한 프로젝트를 기획하고 실행'하는 능력을 발견한다. 승진과 직결된 일이라 볼멘소리하는 다른 동료의 열정을 다독이며 그를 돕는다.

그 이후 작가는 근무지를 옮겼고 후배도 중간 관리자 단계의 승진 자리에 앉는다. 아들의 결혼식 청첩장을 받은 후에 남편의 부재를 알게 된다. 작가는 후배를 더 아끼고 챙긴다. 그 이면엔 후배와 비슷한 나이에 형부와 사별한 언니가 자리하고 있다.

> 언니의 아들딸도 반듯하게 성인이 되어 사회의 든든한 일원이 되었다. 그럼에도 살얼음판 같은 아픔과 외로움을 가까이서 지켜보았기에 아련함이 더 깊었다. 주변 사람들과 터놓고 얘기하면 좀 가벼워졌을까. 그도 언니도 어쩜 그리 가슴 한 모퉁이에 자물쇠를 걸고 있는 것일까. 많은 말을 주고받으며 한 해를 보냈지만, 가족 얘기는 통 안 했다.
>
> - 「또 다른 꽃으로」 중에서

입 다물고 있던 후배가 마음을 연다. 아들은 미국에서 신접살림을 차렸고 빈 의대를 다니는 딸을 돕기 위해 직장을 그만두겠다는 말을 꺼낸다. 내년이면 한 기관의 최고경영자가 될 후배다. '딸은 곧 유능한 의사가 될 것이다. 남편을 만나 가정도 이룰 게다. 그럼,

후배는 딸과 함께 계속 살 것인가. 혼자 돌아올 것인가.' 생각이 깊어진다. 딸을 돕고 싶다면 정년퇴직 후에 지원하라고 말린다.

> 비행기 표만 마련되면 하루빨리 떠난단다. 지금 딸을 돕지 않으면 더 큰 후회가 되지 않겠냐고 반문한다. 딸은 지금 전문의사가 되기 위한 마지막 학기이다. 까다롭기로 소문난 빈 의과대학의 마지막 고비에서 엄마의 지원 요청을 받았단다. 거절할 수 없었단다. 정말 그렇다. 순간의 선택이 오랜 시간의 삶을 바꾸는 힘이다. 더 중요한 것을 위하여 평생을 꿈꾸어온 승진을 내려놓을 줄 아는 그가 나보다 한 수 깊은 귀로를 간다.
>
> - 「또 다른 꽃으로」 중에서

후배는 또 다른 꽃으로 피어나기 위해 떠난다. 떠난다고 해서 후배와 단절의 의미를 부각한 것은 아니다. '잘했다. 얼마나 많이, 깊이 생각했겠나? 나는 무조건 응원할게.' 작가의 토닥임이 두드러진다. 든든한 선배의 응원으로 그는 잘 살아낼 것이다.

작품의 또 다른 세계를 기대하며

최묘혼 수필가는 꾸준히 공부하는 작가다. 첫 수필집 『괜찮다 괜찮아』를 살펴보면 체험을 재구성해 내면의 변화를 위한 모색도 멈추지 않는다. 그의 수필은 '나만의 서사'에서 끝나지 않고 담론을 통해 또 다른 세상의 의미를 통찰하게 한다.

수필 1부 『괜찮다 괜찮아』의 영역은 넓다. 어머님의 숭고한 영역에선 작가뿐만 아니라 힘든 현대인을 위로한다. 바쁜 워킹 맘에게 실패해도 '괜찮다 괜찮아, 곧 일어날 테니 힘내'라고, 감응과 치유로 너끈히 그들을 일으켜 세운다.

수필 2부 『다 잊었다』 속의 수필은 작가의 애정이 어린 가족사다. 남매나 형제만 모여도 티격태격하기 일쑨데 구 남매의 관계는 거리 유지에도 성공한 편이다. 오빠, 언니, 나의 이성과 감성을 촘촘히 엮어 단절이나 균열은 끼어들지 못한다. 감정의 배치 또한 유려하다. 소리도 색깔도 없는 글 속에 울림이 있어 독자들을 '공감'으로 이끈다.

수필 3부 『그날을 꿈꾼다』엔 문학의 실천적 담론의 충실함이 담겨 있다. 단순한 언어나 문장의 집합이라기보다 다양한 사회적 요소와 관계망을 이룬다.

'사람이 책을 만들고 책이 사람을 만든다는 글귀는 내 삶의 이정표다.' 지인들이 부를 축적할 때 작가는 자산으로 '정리한 파일'이 늘어가는 것에 충만감을 느낀다. 아끼던 후배가 한 기관의 '최고경영자' 자리를 포기하고 딸을 지원하겠다는 뜻을 비친다. 작가는 후배에게 '또 다른 꽃을 피우라' 하며 기꺼이 응원하지만 이러한 내용이 독자들에게 어떻게 해석될 수 있는지를 제시한다.

수필은 나만의 독립된 서사가 아니다. 독자가 참여해 토론하고 섬세한 시선으로, 공감할 수 있어야 성공한 수필이다. 최묘흔 수필가는 삶을 다듬고 지키며 작품의 또 다른 세계를 충분히 구현해낼 것이다.